絵解き

# 江戸の暮らしと二十四節気

土屋ゆふ

出版芸術ライブラリー
011

# はじめに

江戸時代の暦は今でいう旧暦（陰暦）が使われていました。正式には太陽太陰暦といいます。これは月の満ち欠けをもとにして作った太陰暦に、太陽の動きを合わせたものです。しかし、太陽太陰暦の十二か月は一太陽年より約十一日少ないので、二年半ぐらいに一度、閏《うるう》月を置くなどして調節しました。これも、季節を合わせるための工夫でしたが、同じ月が二回あると、どうも暦と実際に肌で感じる四季の移ろいがずれてきます。農業など、種まきや収穫が季節とともにある仕事にとっては、目安となるべき暦が季節と違っているというのは困ったことです。

そこで、この暦とともに用いられたのが、季節をあらわす「二十四節気《にじゅうしせっき》」でした（最近は二十四節季と書かれることが多く見受けられますが、正式には「気」を使います）。

二十四節気は、地球から見て太陽が西から東へとめぐる太陽の道を一太陽年として、これを二十四に分けて、その分点に季節を表す名称をつけたものです。みなさんがご存じの立春や春分、夏至、冬至などは二十四節気の名称です。

明治五年に、現在のグレゴリウス暦（太陽暦、新暦）に改められ、二十四節気を意識しなくても生活に支障がないことから、現在ではあまり使われることがなくなっています。ですが、一年でいちばん日の短い十二月二十一日ごろの「冬至」に風邪を引かないようにとかぼちゃを食べて、「柚子《ゆず》湯」に入るなど、今でも江戸時代から続く風習が残っています。

江戸時代の人々は、冬至のかぼちゃはもちろん、春分と秋分の前後三日のお彼岸や立春の前日の節分など二十四節気にまつわる季節の行事をおこない、楽しんでいました。また、「亀戸《かめいど》の梅屋敷の梅の見ごろは立春から三十日過ぎ」「台風がよくやってくるのは立春から二百十日目ごろ」といったように、二十四節気を使っていました。江戸時代に発行された『江戸名所花暦』や『東都歳事記』などの花の名所や行事を紹介する本にも「菊は立冬から四、五日ごろ」とか、「八朔《はっさく》（八月一日のこと）に白帷子《しろかたびら》を着るのは『白露《はくろ》』という季節だから」など、二十四節気をもとにした記述も多く見受けられます。

と、同時に月のカレンダー（旧暦）で、商売の掛け金の支払いなどの期日を確認

し、神田祭や三社祭など決まった月日にやってくる祭りを楽しみに待ちました。このように江戸時代の人々は二つのカレンダーを持っていたといえるでしょう。月の満ち欠けでわかる日にちのカレンダーと、二十四節気という季節のカレンダーです。

この二つの暦を上手く使いこなして季節の行事を楽しみながら暮らした江戸人の生活を覗いてみましょう。

*節気の日は旧暦では一定しないのですが、本誌では構成上、一月一日を立春の日とし、その後十二か月を二十四に振り分けました。

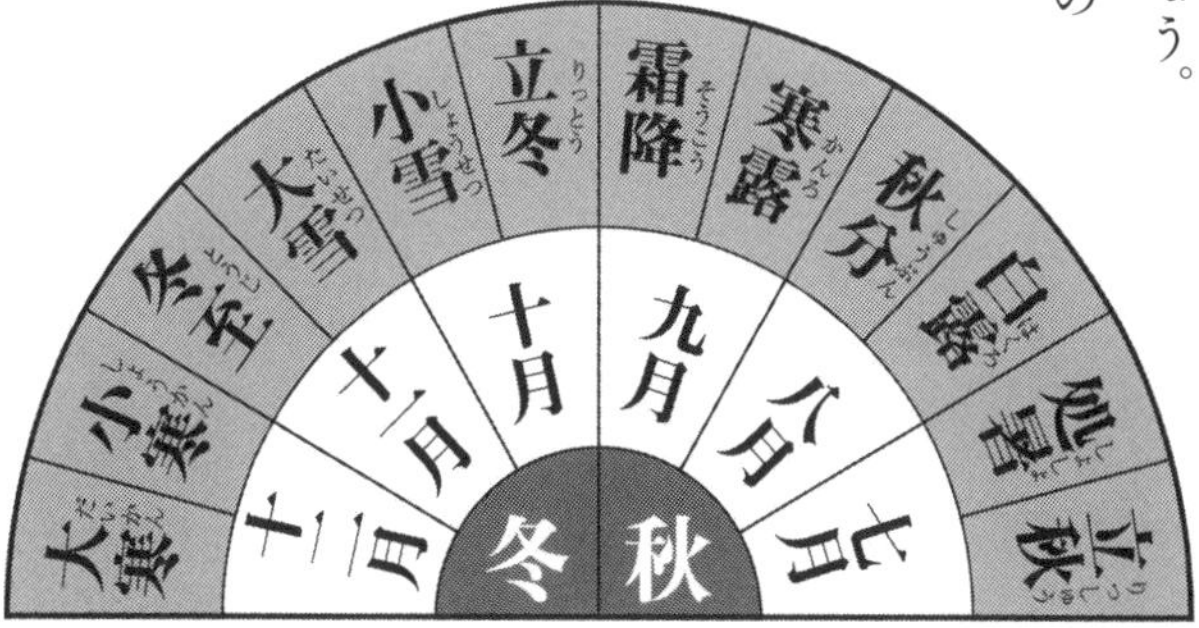

## 二十四節気について

もうちょっと二十四節気の話。

太陽が西から東にぐるりと一周する道を「黄道《こうどう》」といいます。この黄道を「冬至」を起点に二十四等分した等分点が節気です。節気から節気の間は十五・二二日になります。一か月の中に二つの節気を含むので、前者を「節」、後者を「中」として、正月節・正月中・二月節・二月中・三月節・三月中……と「節」「中」と繰り返して「立春正月節」「雨水正月中」というように月名と組み合わせて呼びました。ところが、旧暦（太陽太陰暦）は、一か月は二十九日か三十日間です。すると、ちょっと私たちには不思議に思える現象が起こったりします。

旧暦ではまだ新しい年にならないのに、立春が先にきてしまうことがあるのです。元日は月の運行、立春は太陽の運行をもとにしているので、これがときどき入れ替わるのです。これを「年内立春」といいます。

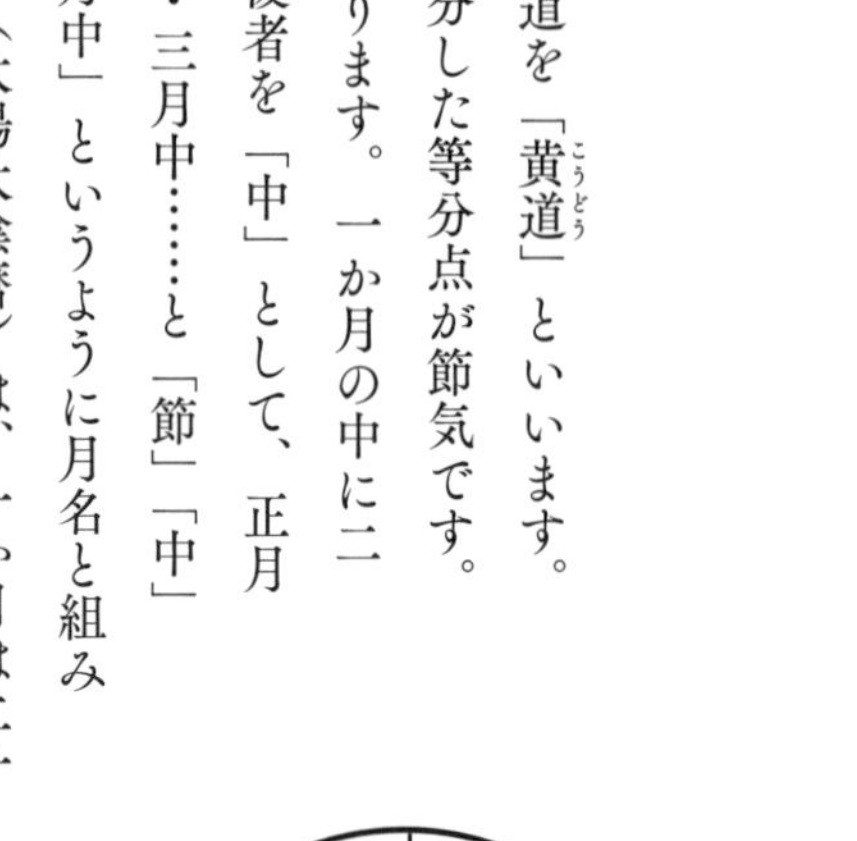

立春の前の日「節分」の行事は、江戸時代では正月の行事の一部でした。現在も二月三日の節分には「鬼は外、福は内」といって豆撒きをし、自分の歳の数だけ、または歳に一個足して豆を食べると丈夫でいられるという風習も、新しい年を息災に過ごすための厄払いの行事のひとつと考えると、合点がいきます。

**【二十四節気一覧】**

| 節気名 | 節気 | 太陽暦月日（令和3年） |
|---|---|---|
| 立春 | 正月節 | 2月3日 |
| 雨水 | 正月中 | 2月18日 |
| 啓蟄 | 2月節 | 3月5日 |
| 春分 | 2月中 | 3月20日 |
| 清明 | 3月節 | 4月4日 |
| 穀雨 | 3月中 | 4月20日 |
| 立夏 | 4月節 | 5月5日 |
| 小満 | 4月中 | 5月21日 |
| 芒種 | 5月節 | 6月5日 |
| 夏至 | 5月中 | 6月21日 |
| 小暑 | 6月節 | 7月7日 |
| 大暑 | 6月中 | 7月22日 |
| 立秋 | 7月節 | 8月7日 |
| 処暑 | 7月中 | 8月23日 |
| 白露 | 8月節 | 9月7日 |
| 秋分 | 8月中 | 9月23日 |
| 寒露 | 9月節 | 10月8日 |
| 霜降 | 9月中 | 10月23日 |
| 立冬 | 10月節 | 11月7日 |
| 小雪 | 10月中 | 11月22日 |
| 大雪 | 11月節 | 12月7日 |
| 冬至 | 11月中 | 12月22日 |
| 小寒 | 12月節 | 1月5日 |
| 大寒 | 12月中 | 1月20日 |

# 江戸の暮らしと二十四節気　目次

はじめに　3

二十四節気について　6

## 第一章 春

### 立春　14

若水／初日の出／元旦登城／寝正月と凧売り／万歳／鳥追い／こはだの鮨売り／宝船／強飯式／人日／鏡餅曳き／鏡開き／削り掛け／小豆粥

### 雨水　34

亀戸梅屋敷／鶯の初音／鷽替神事／藪入り／餅網売り／扇箱買い

### 啓蟄　40

初午祭り／武家の初午／長屋の初午／太鼓売り／十二支のはなし／二日灸／椋鳥／四十七士墓参／針供養／涅槃会／白魚

### 春分　52

春の彼岸／十軒店雛市／豊島屋の白酒／オランダ人の江戸参府

# 第二章

# 夏


## 清明　62

東叡山の花見／飛鳥山の花見／墨堤の花見／吉原の花見／ソメイヨシノのこと／花売り／魚売り／雛祭り／雛拝見／潮干狩り／浅葱／奉公人出替／梅若忌

## 穀雨　74

八十八夜／雑節のこと／蓑市／三社祭／出開帳／勧進相撲／書画会／御殿女中の宿下がり

## 立夏　84

初鰹／衣更え／灌仏会／甘茶／大奥の灌仏会／町家の灌仏会／とうきたり／蚊帳売り／苗売り

## 小満　93

亀戸天神の藤／金魚売り／団扇売り／薬品会／兜市

## 芒種　100

端午の節句／鯉幟／大川筋水垢離／蛍狩り

夏至　108
五月の十六夜／半夏生／両国川開き／江戸の花火／柳橋の芸者／船遊山／冷水売り／ところてん屋／風鈴売り／枇杷葉湯売り／定斎屋

小暑　119
氷室の節句／富士参り／江戸市中の富士参り／麦わら蛇／ブランド野菜のはなし／手習い初め／寺子屋のはなし／天王祭／団子天王／山王祭／夏の土用／ほうろく加持／虫干し／暑中見舞い

大暑　138
按摩／枝豆売り／麦湯屋／かりん糖売り／嘉祥／愛宕権現の千日参り／大山詣／夏越の祓／不忍池の蓮見

## 第三章　秋

立秋　150
七夕／朝顔のはなし／鯖の献上／井戸浚い／水道のはなし／施餓鬼／盆提灯売り／かわらけ売り／芋殻売り／草市／江戸時代の盂蘭盆／ぼんぼん／藪入り

処暑　166
秋の七草／虫聴き／二十六夜待ち／二百十日／マンボウの献上

**白露**　174
八朔／家康の江戸入城／八朔の白無垢／紋日のはなし／お月見のこと／八幡宮の祭礼／永代橋崩落のはなし／放生会／吉原俄

**秋分**　185
秋刀魚／江戸前の秋の魚／さつまいも／初茸／松茸／秋茄子／かぼちゃ／九年母／秋の彼岸／亀戸天神の祭礼

**寒露**　195
重陽の節句／天王寺富くじ／生姜市／御難餅の日／菊のはなし

**霜降**　205
神田祭／新酒

## 第四章　冬

**立冬**　214
海晏寺の紅葉／滝野川の紅葉／炉開き／炬燵開き／江戸の暖房器具／玄猪／両大師／お十夜／御命講

## 小雪 227

べったら市／恵比寿講／芝居のはなし

## 大雪 234

三座芝居顔見世／子祭り／鞴祭／酉の市／七五三／千歳飴のはなし

## 冬至 246

冬至／雪見／フグのはなし／秋葉権現祭礼／報恩講

## 小寒 256

寒行／寒参り／夜鷹蕎麦／寒中の丑紅／鶴御成／薬食い／事納め／煤払い

## 大寒 267

歳の市／節分／寺社の節分会／餅つき／節季候／暦売り／門松飾り／大晦日の攻防／王子の狐火／大晦日

江戸時代のカレンダーを読んでみよう！ 282

あとがき 284

# 第一章 春

1月 立春 雨水

2月 啓蟄 春分

3月 清明 穀雨

# 立春【りっしゅん】　暦の上で春がはじまる日

江戸　正月節（十二月後半――一月前半）
現在　二月四日ごろ

立春の日は、旧暦では十二月の終わりから一月の前半にあたります。二十四節気のなかで、新しい年を迎える季節は立春でした。八十八夜や二百十日《にひゃくとおか》といった雑節は、この立春を起点として数えます。

現在のお正月は真冬にもかかわらず、年賀状に「迎春」とか「新春」と書いたりするのは、旧暦のお正月が新しい年を迎えると同時に春を迎える立春のころだったことがわかれば合点がいくのではないでしょうか？

また、立春の日が、元日にあたることは縁起がよいとされ「立春正月」と呼ばれました。

江戸の人たちはどのようなお正月を過ごしていたのでしょうか。

**若水**　元日の朝は、まず「若水《わかみず》」を汲《く》むことからはじまります。元日の朝に初めて井戸から汲む水のことで、一年の邪気を除くといわれました。この水で雑煮《ぞうに》をつくり、福茶（黒豆・結び昆布・山椒《さんしょう》・梅干などを入れたお茶）を沸かして飲みました。これは武家も町家も、お金持ちも貧しい家もみな同じでした。

古くは、宮中で立春の日に主水司《もんどのつかさ》が恵方《えほう》の井戸を選んで水を汲み、それを天皇に献上したのがはじまりとされています。のちに民間では、歳男《としおとこ》が今年の恵方を向いて汲むようになりましたが、関西では女性が汲む地域もありました。

でも、長屋では……。

若水を大家の女房先へ汲み

一番の権力者「大家の女房」が真っ先に汲むというわけです。

**若水の図**
神社などでは古式にのっとって厳格におこなわれた。

**初日の出**　現在と同じように、初日の出を拝み一年の幸を祈る習慣がありました。江戸市中では、神田・湯島の高台と愛宕《あたご》山、深川・洲崎《すさき》・芝・高輪《たかなわ》の海辺が初日の出スポットで、朝四時ごろから近くに住む人々が続々と集まったといいます。

**初日の出**

洲崎（江東区東陽町）に初日の出を見に来た一家の様子。当時の洲崎は東に房総半島、西は芝浦まで東京湾をぐるりと手に取るように眺められる景勝地だった。

江戸城はどのようなお正月を迎えているのでしょうか。

**元旦登城**　元日の朝八時ごろに御三家（尾張《おわり》・紀伊・水戸）が将軍へ年始の挨拶《あいさつ》に登城します。それに続き、江戸に滞在しているすべての大名、旗本らが、三が日の間に、将軍への年始の挨拶のために登城します。みな正装し行列を揃《そろ》えて江戸城へ向かう様は、壮観で武家の都である江戸の正月の風物詩でした。

この挨拶にも、家の格や役職などによって順番が決まっていて、まずは、御三家、御三卿（一橋・田安・清水）、越前《えちぜん》松平家などの親藩、加賀藩前田家など将軍家に近い藩の藩主が賀祝を述べます。さらに譜代大名、外様大名や御三家・御三卿の嫡子《ちゃくし》、お目見え以上の諸役人、番士《ばんし》、医師、交代寄合、表高家《おもてこうけ》、五百石以上の小普請《こぶしん》が続きます。供揃えを整えて早朝から準備をする武家もたいへんですが、大名家だけでもおよそ二百六十家あったのですから、挨拶を受ける将軍も大変でした。

江戸城に着くと、中に入れるのは殿様と数名のお付きの者だけです。家臣のほとんどが大手門や坂下門の門前（下馬先）で待っていました。すると彼らを目当てとした

元旦諸侯
御登城図
乗車候伯
玉河鳴騎
馬大夫雕
戦迎今日
春風盈海
内上林鶯
子一番聲
周南
火の見櫓
大名屋敷
門松
江戸城の堀

**元旦諸侯登城の様子**

『東都歳事記』に描かれた元旦の江戸城前の様子。立派な門松を飾る大名屋敷が並び、その前を多くの大名行列が進んでいく。東には江戸湾から元旦の朝日がのぼる。

饅頭《まんじゅう》や蕎麦《そば》、酒売りの屋台、瓦版売りなどが出て、格好の暇つぶしを提供してくれました。幕府も屋台の数を制限するということはしましたが、商売そのものは黙認していたようです。

**寝正月と凧売り**　いっぽう商家ですが朝早くから登城準備に追われる武家とは正反対、元旦は「寝正月」でした。大晦日《おおみそか》には徹夜で商いをするので、元日はお休み。商家はどこも板戸を閉じていて、往来はひっそりとしていました。そのなかで、「凧《たこ》売り」だけが街角に葭簀《よしず》張りの店を出して男の子たちを集めていました。

町が動き始めるのは二日になってからです。商店や魚河岸《うおがし》（魚市場）の初売り、江戸町火消の出初《でぞ》め式はこの日でした。

商家の主人は紋服を着て、丁稚《でっち》をお供に連れて年始の挨拶まわりに出かけます。その際に、杉または桐《きり》の箱に入れた扇子を配ります。

　箱へ入れぬとあんまりな扇なり

扇子そのものは粗末なものですが、末広がりの縁起物でした。

**凧売りと子どもたち**

辻の凧売りは町ごとに1、2軒出たという。

太神楽《だいかぐら》や獅子舞、万歳《まんざい》に鳥追《とりお》いなどの言祝《ことほ》ぎの芸をする芸人の笛太鼓や物売りの呼び声で、往来は一気に賑《にぎ》やかになります。

**万歳**　家の門口に「万歳」がやってきました。風折《かざおり》烏帽子《えぼし》をかぶり、大紋の直垂《ひたたれ》を着て、腰《こし》鼓《つづみ》を打ちながら、「千年も万年も栄えませ」と祝言《しゅうげん》を唱えて銭を請うのです。太夫《たゆう》と才蔵《さいぞう》の二人一組で、才蔵のいう駄洒落《だじゃれ》を太夫がたしなめるという形式で、滑稽《こっけい》な掛け合いを演じます。

そうです、これが現在の「漫才」のもとなのです。出身地によって尾張万歳・三河《みかわ》万歳・大和《やまと》万歳などありましたが、江戸の町で新年にまわってくるのは「三河万歳」でした。

**才蔵市**

万歳の主役の太夫は三河からやってきましたが、相方の才蔵は江戸で募集され、歳末には四日市《よっかいち》（現在の銀座八丁目あたり）で「才蔵市」なるものが開かれました。才蔵志願者は安房《あわ》や上総《かずさ》、下総《しもうさ》あたり（現在の千葉方面）の出身で、馬鹿面ですが機転の利く男が好まれました。

**鳥追い**　女芸人が編笠《あみがさ》をかぶり、新しい衣服で三味線《しゃみせん》を弾き鳥追い唄を歌い、銭を請う「鳥追い」も新年の景物で、季語にもなっています。

鳥追いは普段は女太夫で、女太夫の時は、菅笠《すげがさ》をかぶっています。女太夫は姿をよく見せるために、胸の下から下腰まで白布を巻いて身体を締めていたそうです。

後ろ姿が粋なので、浮世絵などには後ろ姿が多く描かれています。

**鳥追い**

この絵では、鳥追いは打楽器の「ささら」と「びんざさら」を手にしている。

**こはだの鮨売り**　鮨《すし》箱を重ねて肩に乗せ、「こはだのすしィ」の呼び声は、こはだの鮨売り。唐桟《とうざん》（細い粋な縞の織物）の袢纏《はんてん》に黒八丈《くろはちじょう》の襟《えり》をかけ、尻《しり》っ端折《ぱしょ》りのいなせな姿が身上で、「坊主だまして還俗《げんぞく》させて、こはだの鮨でも売らせたい」と俗謡に歌われたほど。

新春の江戸には欠かせないイケメンです。

**宝船**　「お宝お宝ェ～、宝船、宝船」という呼び声は「宝船売り」です。七福神が乗っている船の絵を枕の下に敷いて、二日の夜に眠れば縁起のいい初夢が見られ、この年の開運につながるというものです。

元日と二日の宵に市中を売りに歩きます。道中双六《どうちゅうすごろく》も一緒に売っていました。

宝船を敷いて寝たのに、もしも、悪い夢を見てしまったら？　夢流しとして、この宝船の絵を川に流せばいいのです。

**こはだの鮨売り**

**宝船**　『守貞謾稿』に載っている宝船の絵。

**強飯式**　愛宕山は標高二十六メートルの小さな山ですが、頂上からは江戸の町を南北に、その向こうには江戸湾が見渡せる景勝の地でした。この山の頂上にあるのが、愛宕山神社で、正月の三日に愛宕山の地主神を祭る神事が催されました。

愛宕神社は徳川家康が火伏せの神として勝軍《しょうぐん》地《じ》蔵《ぞう》を祀《まつ》って建立しましたが、愛宕山の地主神は毘《び》沙門天《しゃもんてん》です。この毘沙門の使いと称する男が、素襖《すおう》を着用し、昆布や歯朶《しだ》の葉などの正月飾りで作った兜《かぶと》をかぶり、すりこ木の太刀を帯びて、大きな杓子《しゃくし》を持つという不思議ないでたちで、山頂の本殿から山下の別当・円福寺へ下りていきます。円福寺ではすでに

毘沙門の使いの衣装がシュール。『名所江戸百景　芝愛宕山』。

僧らが集まっていて、そこへ入った毘沙門の使いは僧たちに「新参は九杯、古参は七杯御飲みやれ」と飯を食べることを強要します。僧の代表が「吉例の通りみな食べます」と答えると、毘沙門の使いは「では毘沙門の使いは帰りましょう」と言って、本殿へと帰っていきます。これが強飯式《ごうはんしき》です。

実はこの毘沙門の使いは、愛宕山女坂の上愛宕屋という茶屋の主人が務めていました。広重の『名所江戸百景　芝愛宕山』にはこの毘沙門の使いがちょうど本殿に戻ってきたところが描かれています。老人なので、愛宕山の階段を上るのは大変だったのではないかと思われます。

**人日**　一月七日は五節句のひとつ「人日《じんじつ》」です。現在でも一年の健康を願って正月七日の朝に七草粥《ななくさがゆ》を食べる風習がありますが、江戸時代の七草粥の作り方は、現在からみるとかなり面倒です。六日の夜と七日の早朝に、まな板の上に野草を置き、そのそばに、庖丁《ほうちょう》、すりこ木、杓子、菜箸《さいばし》などの道具を並べ、恵方に向かって「七草なずな、唐土《とうど》の鳥が、日本の土地へ、渡らぬさきに……」と拍子をとって、囃《はや》しながら叩きました。これを七草分、つまり七回繰り返して、粥に入れて食べたということです。

江戸の町家では、小松菜になずな少量、あるいはなずなだけだったというので、庶民はここまで形式ばったことはおこなっていなかったと思われます。

ここで、五節句についてちょっと説明をしておきましょう。

五節句は人日のほかに、三月三日の上巳《じょうし》、五月五日の端午《たんご》、七月七日の七夕《たなばた》、九月九日の重陽《ちょうよう》の一年間に五つの節日《せちにち》のことです。これらの日は、江戸時代よりも以前から、宮中の儀式や民間の習俗として季節ごとの食物を神に供えて祝う日でしたが、江戸時代になって改めて幕府が「式日《しきじつ》」として定めました。

諸大名は、五節句の日には江戸城へ登城が義務づけられていました。

明治六年（一八七三）一月に廃止されましたが、上巳や端午、七夕の行事は現在も盛んにおこなわれています。

武家の御膳所での七草の儀式。

**鏡餅曳き**　七日に江戸城の大奥では不思議な光景が繰り広げられていました。御三家、御三卿などのご家門やお姫様の嫁ぎ先から献上された巨大な鏡餅を御膳《ごぜん》所《しょ》の下男三十数名で、大奥御殿内を曳《ひ》き歩くというものです。ただ曳き歩くのではありません。彼らは扮装《ふんそう》して、歌や踊りの芸を披露したり、万歳の真似をしたりと、大奥の女性たちを笑わせ、楽しませなければなりません。籠《かご》の鳥のような生活を送る大奥の女性たちを慰めるための余興ですが、普段は台所で働く男たちにこのような芸をさせるとは、大奥の女性パワー恐るべしです。

**鏡開き**　十一日には鏡開きがおこなわれて、鏡餅が片付けられます。鏡餅はおめでたいものですから刃物を忌《い》んで、木槌《きづち》などで打ち砕きました。

**大奥の鏡餅曳き**

真ん中の男は、若駒に見立てた大すりこ木にまたがり、頭にほうろく（胡麻などを煎る平たい土鍋）をかぶっている。

また、商家ではこの日が「蔵開き」です。大晦日に鍵をかけて閉じていた蔵をこの日に開きます。

**削り掛け**

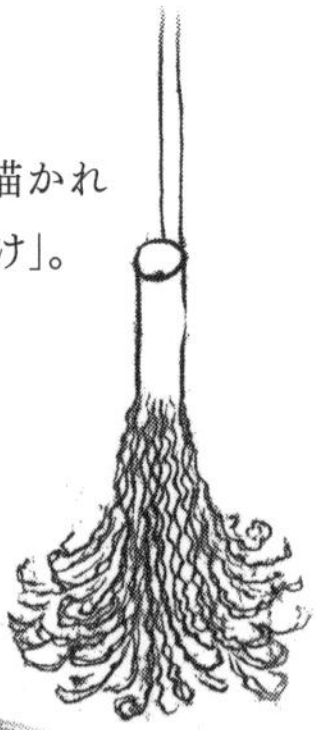

『守貞謾稿』に描かれている「削り掛け」。

輪飾りの代わりに削り掛けをつけた商家の様子。

**削り掛け**　門松や注連縄《しめなわ》などの外飾りは六日の夕方に取り払われますが、家の中の輪飾りは残します。十四日にこれを取り、代わりに柳の木で作った削《けず》り掛《が》けなるものを飾りました。

**小豆粥**　小正月一月十五日の朝は米と小豆《あずき》を炊いたお粥を食べる風習がありました。江戸時代の人々は赤色に呪術性があると信じていて、魔よけや邪気《じゃき》払いの意味と健康を願って小豆粥を食べました。

また、引越しの際には「引っ越し蕎麦《そば》」ならぬ「家《や》移《うつ》り粥」をご近所や手伝いの人々に配りました。重箱に入れて配ったそうですが、魔よけや邪気払いのほかに、粥のねばりで末永くこの場所で暮らせるようにという意味もあったということです。引っ越し蕎麦が配られるようになったのは、江戸末期からといわれています。

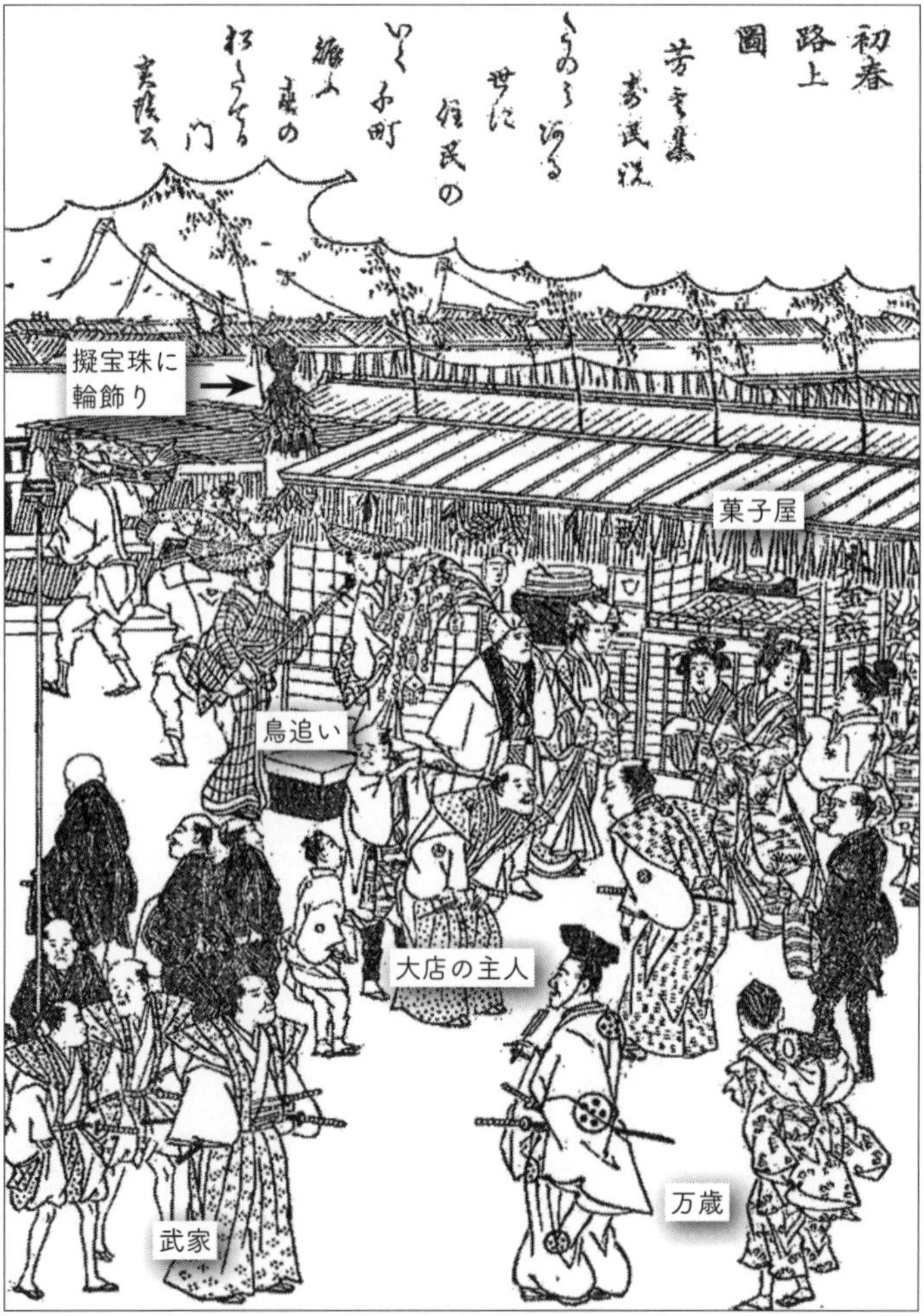
初春路上圖
擬宝珠に輪飾り
菓子屋
鳥追い
大店の主人
万歳
武家

蒼龍闕下大橋
限、回望雲間佳
氣来、萬戸陽春
沾、雨澤、千門車
馬浥塵埃、御溝
水碧揺江閣上、
苑花紅壓邸臺、
多少外僊題柱
客、只今應有賦
都才、
服元喬
日本橋南詰
武家
扇売り
宝船売り
高札場

**新年の日本橋南詰の賑わい**

大店の主人が年始の挨拶を交わしている。町人も大店の主人となると、紋付の小袖に麻裃、刀を一腰という立派な服装。

# 雨水【うすい】　空から降るものが雪から雨に変わるころ

江戸　正月中（一月の内）
現在　二月十九日ごろ

雨水は、現在の暦では二月十八か十九日。寒さも峠を越えて雪が解けはじめます。本格的な春に向けて、農村では農耕の準備がはじまります。梅が咲き、地域によっては鶯《うぐいす》の声も聞かれます。

**亀戸梅屋敷**　亀戸天神《かめいどてんじん》の東にあった伊勢屋喜右衛門の別荘の庭の梅林で、ことに臥《が》龍梅《りゅうばい》が江戸いちばんの名木として知られていました。

安藤広重の『名所江戸百景　亀戸梅屋舗』（左ページ）は、臥龍梅を前面に大きく描いた大胆な構図が印象的な作品ですが、この作品はフランスの後期印象派の画家ゴッホが模写したことでも有名です。

臥龍梅は、残念ながら明治四十三年の水害で枯れてしまって、現在は残っていませ

臥龍梅は、高さは１丈（約３メートル）ほどだったが、根元の太さは５尺（約１.６メートル）もあったという。

ん。このほかに、亀戸天神・向島百花園、遠出をするなら蒲田《かまた》村（大田区蒲田）などが梅の名所として知られていました。

**鶯の初音**　東叡《とうえい》山寛永寺《かんえいじ》の北の麓あたりが鶯の名所でした。これは、元禄のころ（一六八八―一七〇四）に寛永寺の御門主が京都で声のよい鶯を選んで江戸へ連れてきて、多く放させたから、このあたりの鶯は声がよく、関東の訛《なま》りがないとされていました。鶯に訛り？　とも思うのですが、こんな歌が詠まれています。

舌かろし京うぐいすの
　御所言葉

谷中の霊梅院（台東区谷中五丁目）付近の谷が鶯の名所で、鶯谷といいました。今の山手線

小川が流れるのどかな風情。

の鶯谷駅の駅名の由来となっています。また、「初音《はつね》の森」とも呼ばれていました。

鶯谷駅をはさんで東側は、多くの文人墨客が庵《いおり》を構える「根岸の里」でした。江戸の文化人は、鶯の初音を聞きに知り合いの庵を訪れて、詩作や俳諧、茶の湯などして、風流な春の一日を送るのでした。

**根岸の里**

**鷽替神事**　亀戸天神で一月二十四・二十五日におこなわれるのが鷽替神事《うそかえしんじ》です。木で作った鷽を社頭の店で買い求めて、袖の中へ入れて「替えましょ、替えましょ」と唱えながら参詣の見知らぬ人同士で、鷽を交換し合うというものです。今までの悪い事が「嘘（うそ）」になり、一年の吉を願うというものです。

これは、筑紫大宰府《ちくしだざいふ》にならって文政年間（一八一八—一八三〇）からはじまりました。

神事のうそ筑紫から江戸へ飛び

**藪入り**　奉公人たちが楽しみにしているのが、正月十六日と七月十六日の年に二回の藪入《やぶい》りでした。十三、四歳で奉公に出て、年期は十年。この日ばかりは、親元へ帰って家族に会い、墓参りをし、日暮れまで心のままに遊びました。

藪入りの日の江戸の町には、丁稚（小僧）たちの姿が目立つ。

大丸や松坂屋などの大店《おおだな》の奉公人は、遠国の出身者のみなので、付添人とともに芝居見物をしました。奉公人にとっては、半年に一度の命の洗濯をする日でした。前の晩

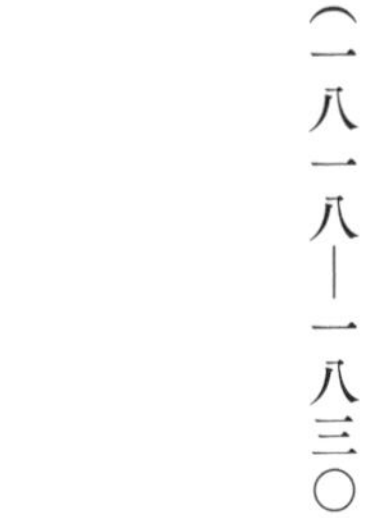

**鷽の図**

は楽しみで眠れなかったといいます。

さて、この二つの行商人が町にやってくると、そろそろお正月気分はおしまいです。

**餅網売り**　正月も半ばを過ぎると「餅網《もちあみ》や餅網」の呼び声が聞こえてきます。これは、餅を焼く網ではなくて、天井から吊るして餅を乾燥させるための網です。乾燥させた餅は、日の長い夏のお茶請けにします。

**扇箱買い**　餅網売りと競ってこの時期に「お払い扇箱」の呼び声でやってくるのが扇箱買いです。正月の年礼でもらった扇の箱を高く積んで置くというのが、江戸の商人の見栄のひとつでしたが、正月を過ぎればこれは無用のものになってしまいます。扇箱買いはこの扇の外箱を買い取るという、リサイクル都市江戸の商いのひとつでした。

　扇箱買い風呂敷と百で出来

扇箱買いは大きな風呂敷と元手が百文もあればできる気軽な商売ということです。

扇箱をのせる「献上台」

扇箱買い

# 啓蟄【けいちつ】　大地が温まり冬眠していた虫が穴から出てくるころ

江戸　二月節（一月後半―二月前半）
現在　三月六日ごろ

柳の若芽が芽吹き、ふきのとうの花が咲き、だんだんと春めいてきます。

お正月が終わって二月は行事も少なく商いも暇ですから、祭り好きの江戸っ子たちは初午《はつうま》祭りを盛大におこないました。二月の最初の午の日は、京都の伏見《ふしみ》稲荷《いなり》大社《たいしゃ》の神が降りた日とされていて、全国のお稲荷さんでお祭りが開かれます。とくに江戸では俗言に「江戸に多きもの　伊勢屋　稲荷に　犬の糞《くそ》」とあるように江戸市中は多くの稲荷社があり、一町に三から五社、全体では五千社もあったといわれています。社の大小を問わず祭礼がおこなわれ、前日の宵宮から江戸市中は太鼓の音がそこかしこで響き、まるで湧き満ちるようでした。

**初午祭り**　このように江戸市中に稲荷社は多くありましたが、なかでも王子稲荷、湯島の妻恋《つまごい》稲荷、日比谷稲荷、芝の烏森《からすもり》稲荷が有名でした。五色の幟《のぼり》が立ち並び、神前では神楽を奏で、供え物や燈火をささげました。日比谷稲荷と烏森稲荷は神輿《みこし》や練《ねり》物《もの》（祭礼のときに練り行く踊り屋台や仮装行列、山車《だし》などのこと）を出しました。

また、「千社参り」といって、稲荷千社に詣でて、自分の名前の書いてある小さな札を社に貼る人々もいました。この札がいわゆる「千社札」です。『東都歳事記』には、これは「中人以下の態なり」ということで、好ましい風習ではなかったようです。

**武家の初午**　旗本屋敷や大名屋敷の中にも屋敷神として稲荷の祠《ほこら》がありました。周辺の町家の子供たちもこの日ばかりは、邸内に入って遊ぶことができました。邸内には、囃《はやし》屋台《やたい》がしつらえられて、神楽を奏して、手踊りの催しなどもありました。花笠を乗せた地口燈籠《じぐちどうろう》（洒落《しゃれ》と戯画が書かれている燈籠）を庭から門口へと数多く立てました。夜になると、武骨な武士が女装して踊るといった余興もあったそうです。

**長屋の初午**　裏長屋にある鎮守《ちんじゅ》の小さな稲荷でも、裏長屋の入口や路地、木戸外に染幟一対を左右に立てて、木戸の屋根に武者を描いた大行燈を提げました。路地の家

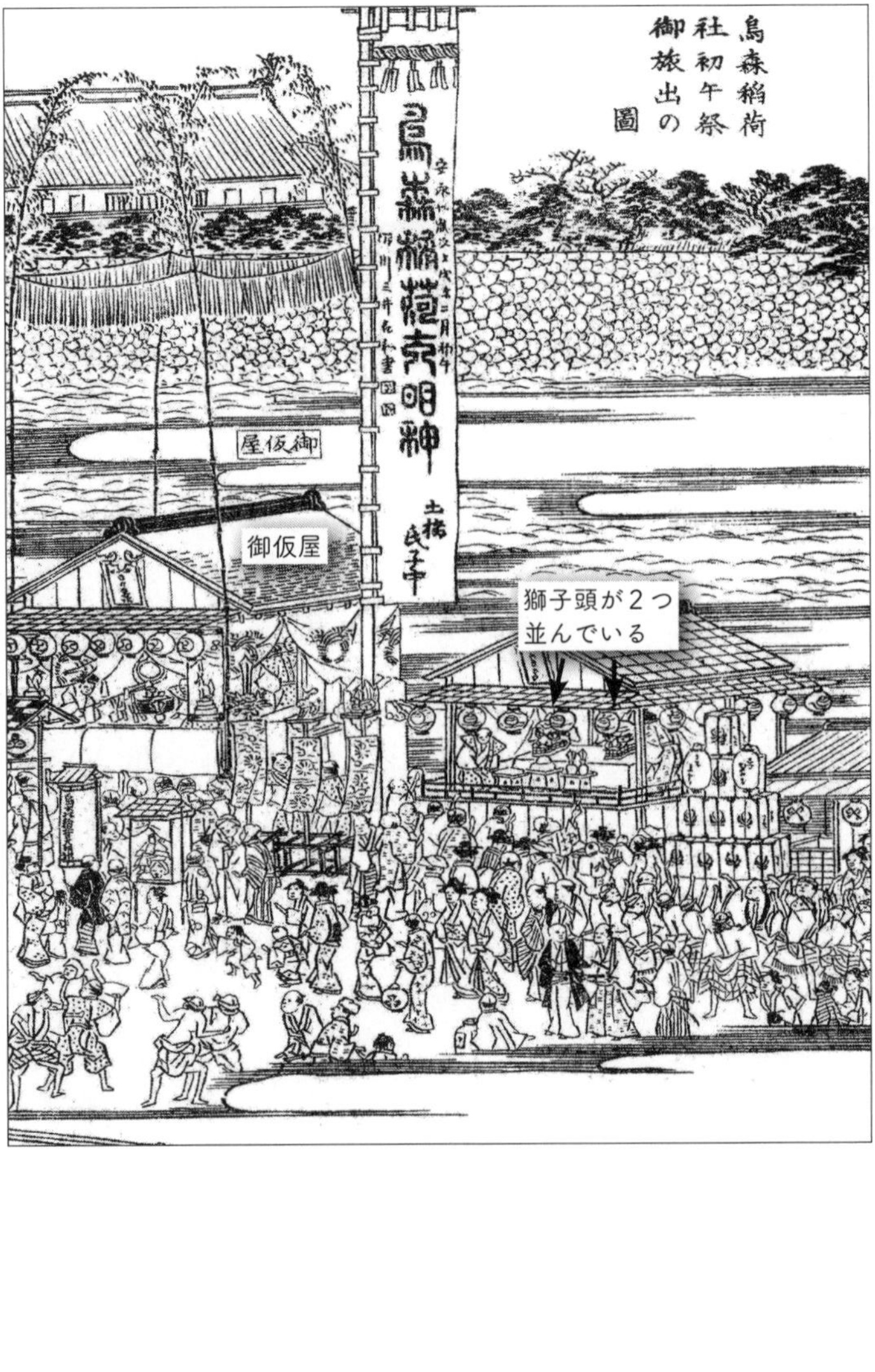
烏森稲荷社初午祭御旅出の圖
烏森稲荷大明神
土橋 氏子中
御仮屋
御仮屋
獅子頭が２つ
並んでいる

**烏森稲荷の初午祭り**

烏森稲荷は、芝口（港区新橋１丁目）の武家屋敷に囲まれた中に社があった。初午祭りには、２日前から社近くの幸橋御門の外に仮屋を建てて御旅所《おたびしょ》とした。御旅所では杉の葉守りのお札を配ったという。

には、地口燈籠を掲げました。社への供え物は長屋の住人で出し合いましたが、祭費は地主の負担とされました。初午は基本的に、子どもの祭りで、長屋の子どもたちは稲荷の前に集まり、太鼓を打ち鳴らして、踊り、遊びました。「いなりこう　万年こう　御十二銅おあげ」などと口々に唱えながら、家々をまわって銭を乞い、そのお金で供え物をあげて、残ったお金で豆や菓子などを買い食いをするので、子どもにとってはたいそう楽しい祭りでした。最近人気のハロウィンに似た部分がありますね。

**太鼓売り**　初午が近くなるとやってくるのが、子どもたちが祭りで叩く太鼓を売る太鼓売りです。天秤棒に太鼓・しめ太鼓・かんから太鼓（皮を強く張った「かんから」と音のする枕形の小さい太鼓）などを提げて、ドン、ドドンと太鼓を打ち鳴らしながら売り歩きました。また、初午の日に稲荷社に奉納するための絵馬を売る「絵馬売り」もやってきました。

太鼓売り

**十二支のはなし**　「あなたの干支《えと》は何ですか?」と、問われたら日本人ならほとんどの人が自分の生まれた年の干支を答えられるかと思います。

暦と方角に使われる十二支《じゅうにし》は、中国で十二宮（春分点を起点として黄道《こうどう》を十二等分したもの。古代から占星術に使われた）に獣を当てたことに基づくとされています。月も十一月を頭に子《ね》、丑《うし》、寅……というようにそれぞれ当てられています。

では、日はというと、これも十二日で一巡りとして年と同じようにエンドレスで十二支が繰り返されていきます。改元や新暦、旧暦は日の十二支の巡りには関係ありません。一年三百六十五日は十二では割り切れないので、翌年の同じ日にちが同じ干支ということはありません。例えば、鰻《うなぎ》を食べる風習のある土用丑《うし》の日は、夏の土用の期間の丑の日のことです。年によって日にちは違いますよね。年末の酉《とり》の市も二の酉までの年と三の酉まである年があるのです。

この時期は、初午以外にも面白い風習があります。

**二日灸**　二月の二日に灸をすえると、著《いちじる》しい効き目があると信じられていました。

名物やブランド物が大好きな江戸っ子に人気の艾《もぐさ》は、日本橋小網《こあみ》町三丁目の「釜屋」こと釜屋冶左衛門。類似品も多く出回ったそうです。八月二日も同様に二日灸として効き目がある日と信じられていました。

　母も手を焼くわんぱくの二日灸

大人は健康のために大きな灸を背中に二つすえますが、子どもにはいたずらを懲《こ》らしめる意味もありました。

**椋鳥**　信州からやってきた出稼ぎの男たちが、故郷に戻っていくのが二月三日でした。彼らは雪が深くなる十一月に江戸へやってきました。信州だけでなく、地方出身者のことを椋鳥《むくどり》といいました。ただし、「田舎者」をさす、あまりいい言葉ではありません。「椋鳥帰る」といいました。

**四十七士墓参**　二月四日は赤穂浪士《あこうろうし》の忌日で、泉岳寺《せんがくじ》

『江戸名所図会』の泉岳寺境内に描かれた赤穂浪士の墓。

の墓へ参る人々も多かったようです。赤穂浪士は、忠臣と讃えられ、芝居になったり錦絵が摺られたりと人気を博しました。時が下ると、泉岳寺にある浪士の墓は名所のひとつとなり、赤穂浪士の遺品を並べた開帳などもおこなわれました。

幕府から切腹の処分をうけた者たちのはずなのに、大っぴらに開帳や参詣がおこなわれているとは、江戸っ子の物見高さはさすがというべきでしょうか。

**針供養**　女性たちは、裁縫に用いて折れた針を集めて二月八日に淡島明神に納めました。淡島明神は女性の病に霊験があるとされました。また、この日は事始めの日（事納めとも）で、竹竿《たけざお》の先にざるをつけて家々の軒に立て、牛蒡《ごぼう》・芋・大根・小豆などの六種が入った六質汁《むしつじる》を煮ました。なぜざるを掲げるのかというと、ざるの目を陰陽師《おんみょうじ》の九字《くじ》（護身のまじない）の星形になぞらえて、除災招福を願ったのでは、ということです。

切絵図にも義士の墓についての書き込みがある

**涅槃会**　二月十五日は、釈迦《しゃか》が入滅した日で、一向宗以外の寺院では供養がおこなわれます。本堂には釈迦の涅《ね》槃《はん》像の絵が掛けられます。朝から善男善女の参詣が絶えません。

寛永寺・増上寺《ぞうじょうじ》・浅草寺《せんそうじ》では、この日に山門に登楼することができました。とくに寛永寺は上野の高台にあったので、山門からは、不忍池《しのばずのいけ》ごしに江戸市中が眺望できました。

さて、この時期の江戸の味覚と言えば……。

**白魚**　篝火《かがりび》をあかあかとてらして白《しら》

涅槃会の日に寛永寺の山門・文珠楼に登る人々。

魚《うお》を獲る光景は、江戸の早春の風物詩。
佃島《つくだじま》の漁師は、将軍家に白魚を献上する習慣があり、白魚は江戸名物となりました。現在も佃島漁業組合から徳川宗家へ毎年三月に白魚が届けられています。

芭蕉《ばしょう》の弟子の榎本其角《きかく》は、

　白魚をふるい寄せたる四つ手かな

と、白魚漁の様子を詠んでいます。
四つ手とは、四隅を交差した竹などで張り広げた方形の網《あみ》のことで、水底に沈めておいて、魚をすくい獲る「四つ手網」のことです。

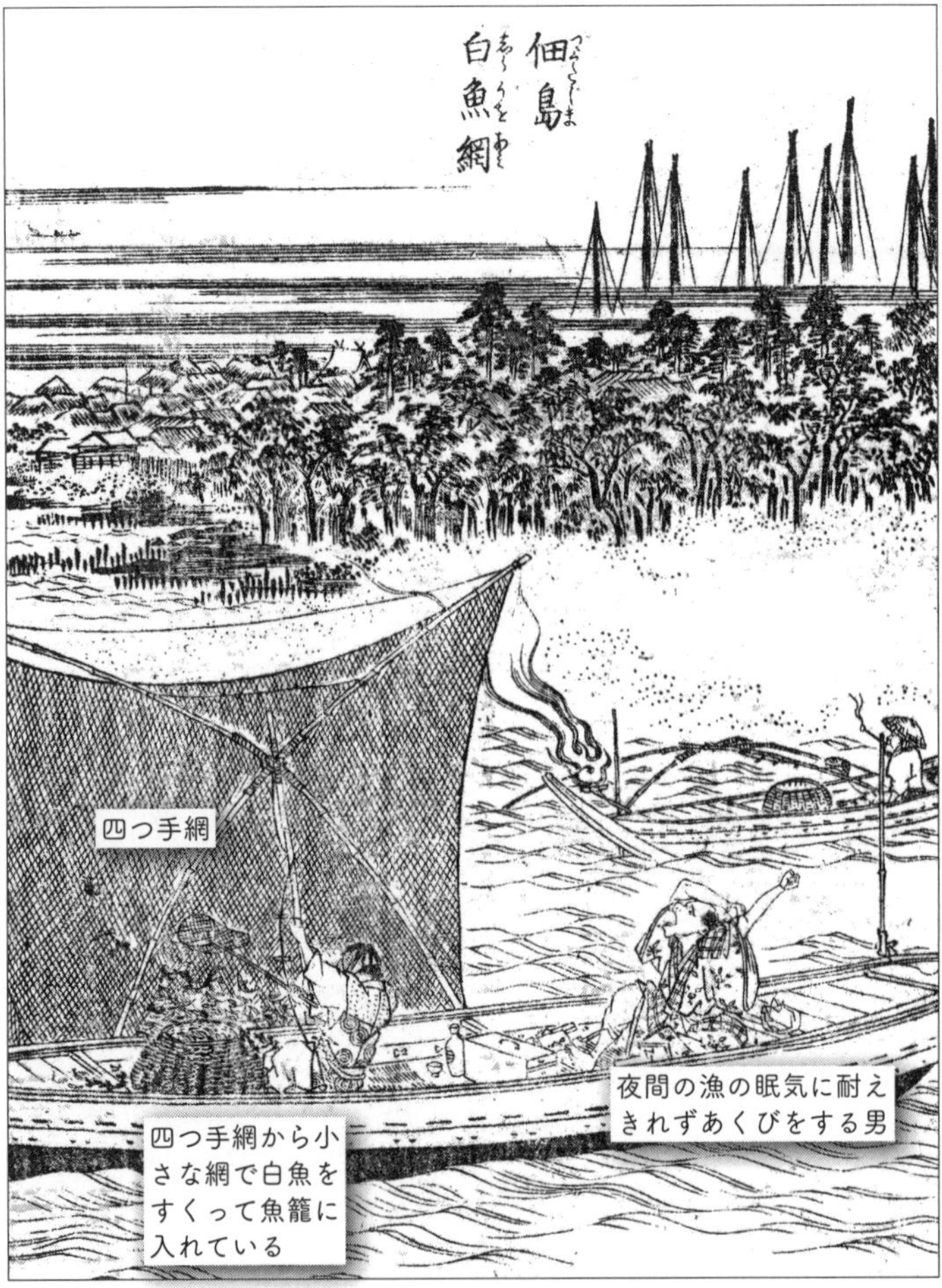
佃島《つくだじま》
白魚網《しらうをあみ》
四つ手網
夜間の漁の眠気に耐えきれずあくびをする男
四つ手網から小さな網で白魚をすくって魚籠に入れている

**佃島の白魚漁**

白魚は味が淡白上品で江戸っ子にたいへん好まれた。歌舞伎『三人吉三郭初買《さんにんきちざくるわのはつかい》』大川端での名セリフ「月も朧《おぼろ》に白魚の篝も霞む春の空……」は、早春の白魚漁の光景を述べたもの。

# 春分【しゅんぶん】　昼と夜が等しくなり過ごしやすい日が増える

江戸　二月中（二月の内）
現在　三月二十一日ごろ

雀《すずめ》が巣をつくり、桜の花が咲き始めるころです。

**春の彼岸**　春分の日を中日《ちゅうにち》として前後三日間を足した七日間が春の彼岸《ひがん》です。秋の彼岸は秋分の日を中日とします。先祖の霊の供養と自身の極楽浄土を願って墓参りや寺院に詣でました。

どの家も仏壇を掃除し、お供えをしました。今でも牡丹餅《ぼたもち》（おはぎ）や五目ずしを作ったりしますが、そのほかには団子・茶飯・餡《あん》かけ豆腐・精進揚げなどを彼岸用に調えたそうです。また、菓子や豆腐などをご近所に配ったり、寺子屋の師匠に持って行ったりという風習もあり、この期間の往来は賑やかでした。

また、「暑さ寒さも彼岸まで」の言葉どおり、春の彼岸は新暦の三月二十一日ごろで残寒もここまで。出かけるにはよい気候ですから、六阿弥陀《ろくあみだ》参りや観音札所《かんのんふだしょ》参りに善男善女が袖を連ねました。

江戸六阿弥陀は下谷《したや》から亀戸へまわるもので、ひと巡りすると六里（約二十四キロ）ありました。まわる順番は以下のようになっていました。

下谷広小路　常楽寺（田端へ二十五町）
田端　与楽院（西ヶ原へ二十町）
西ヶ原　無量寺（豊島へ二十五町）
上豊島村　西福寺（沼田へ十五町）
下沼田　延命院（亀戸へ二里半）
亀戸　常光寺

さらに亀戸から江戸市中へ戻ってくるのですから、江戸時代の人の健脚には感心させられます。

このほかに、山の手六阿弥陀、西方六阿弥陀などがあり、六阿弥陀参りは江戸市中の人々に流行しました。

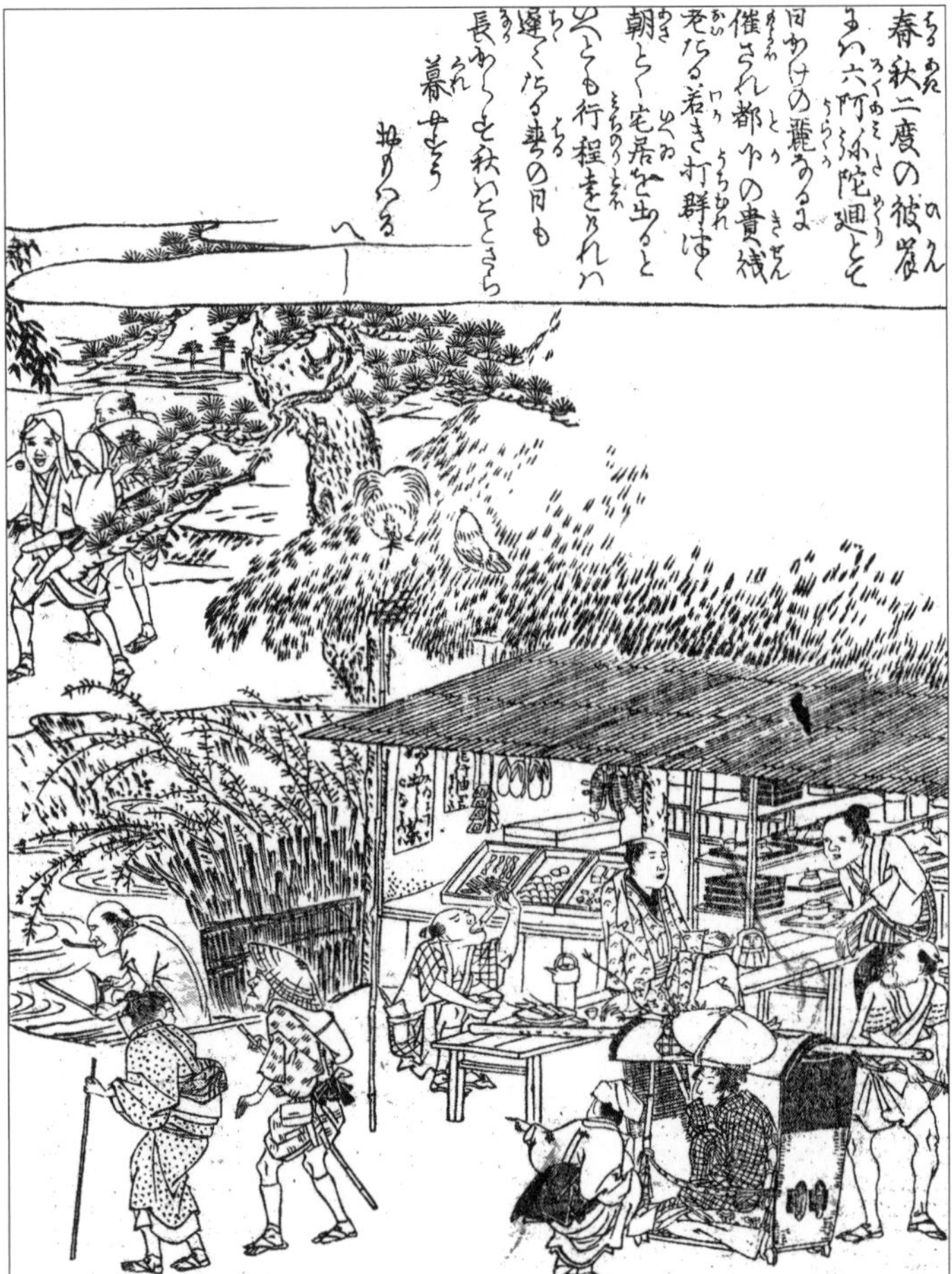
春秋二度の彼岸は六阿弥陀廻《めくり》とて
日ゆけの麓あるは
催され都下の貴賤《きせん》
老たる若《わか》き打群《うちむれ》て
朝とく宅居を出ると
是とても行程遠されは
遅くたる春の日も
長からぬを秋はことさら
暮《くれ》安き
始める

**六阿弥陀参り**

春と秋の彼岸には、江戸の老若男女はのどかな農村風景を楽しみながら六阿弥陀を巡った。

**十軒店雛市**

季節商品の市が立つ場所として全国的に知られていた。端午の節句には兜市が、年末には破魔弓や羽子板を扱う市が立った。

二月二十五日になると、次の行事の準備がはじまりますが、その華やかなこと。

**十軒店雛市**　毎年二月下旬になると三月の桃の節句用の雛《ひな》人形とその付属品を売る市が立ちました。

なかでも有名なのが日本橋の大通りの十軒店《じっけんだな》（現在の日本橋室町三丁目）でした。道の両側の店のほかに、道の中央に背中合わせの床店《とこみせ》（屋台店）が一町（約百九メートル）ほど続いていました。どれもが雛人形やその付属品を扱うのですから、目も眩《くら》むほどのきらびやかさでした。

狭い歩道に人がごった返すので、スリが出て、いざ買おうと思って懐に手を入れると財布がなくなっていたり、喧嘩《けんか》が起きて買ったばかりのひな人形を壊してしまったり、といったちょっと悲しい事も生まれる場所でした。

**豊島屋の白酒**　雛祭りの白酒《しろざけ》が売り出されるのもこの時期で、江戸っ子に人気の白酒は神田鎌倉河岸《かまくらがし》の豊島屋のものでした。白酒の売り出しは店の前に人の山ができるほどの大混雑で、みなわれ先にと争い求めたそうです。あまりの混雑に豊島屋の方も

鎌倉町《かまくらちやう》
豊島屋《としまや》酒店《しゆてん》
白酒《しろさけ》を
商《あきな》ふ
図《づ》
豊島屋のマークはカネ十字
割れた徳利
山積みの空樽

**豊島屋酒店白酒を商うの図**

２月の末、豊島屋の白酒を求めて朝早くから人々がやってきて大混雑。櫓の上に鳶《とび》の姿が見えるが警備のためらしい。

いろいろと対策をとりました。まず、店頭に矢来《やらい》を作り桟敷《さじき》を構えました。客は入口で代金を払って切手（引換証）をもらい、中で酒と引き換えて、入口とは別の出口から帰る仕組みでした。しかし、あまりの混雑に卒倒《そっとう》する客も出るほどで、医師と気付け薬を準備したといいます。売れた白酒の空樽は河岸の堀端に積み置かれ、まるで樽の堤を築いたかのようになりました。

豊島屋は現在も老舗として続き、鎌倉河岸から移転して御茶の水に店舗を構えています。

**オランダ人の江戸参府**　二月の二十五、二十六日ごろにオランダ人が江戸にやってきました。江戸のはじめ、慶長のころは毎年来ていたのですが、時代が下ると五年に一度（四年という説も）となりました。幕府に海外情報を提供したり、珍品を献上したりしました。

宿泊所は、日本橋本石町三丁目の長崎屋で、そのため長崎屋は別名「紅毛屋」と呼ばれていました。幕府の許可を得た役人や医師しか対面が許されなかったため、長崎屋の前にはオランダ人を一目見ようという人々が集まってきました。

**長崎屋**

珍しいものが大好きな江戸っ子たちは、オランダ人の姿を一目見たいと、長崎屋の窓下に集まっては覗いていた。

# 清明【せいめい】　万物がすがすがしく明るく美しいころ

江戸　三月節（二月後半——三月前半）
現在　四月四日ごろ

清明は新暦の四月四日か五日ごろ、さまざまな花が咲き競うお花見シーズンです。江戸の花見の三大名所といえば、上野東叡山・飛鳥《あすか》山・墨堤《ぼくてい》です。

**東叡山の花見**　上野の寛永寺の山号が東叡山で、「上野のお山」と呼ばれるこのいったいが寛永寺の寺領でした。寛永寺は徳川将軍家の菩提寺《ぼだいじ》のひとつですから、花見には制約があり、鳴り物は禁止、夜桜見物も禁止、お酒もダメでした。酔っ払いに絡まれる心配がないため、花見客は女性と緑の木々の間に咲く桜の風情を静かに楽しもうという老人が多かったそうです。

大和の吉野山にならって桜の木を植えたので、彼岸桜、枝垂《しだれ》桜、ひとえ桜、八重桜と追々に咲き、彼岸から弥生《やよい》三月の末まで桜の花を楽しめました。

**飛鳥山の花見**　ここの桜は、八代将軍徳川吉宗が、庶民の遊楽のために植えさせたものです。ドラマの『暴れん坊将軍』で知られる吉宗ですが、目安箱の設置や小石川養生所の開設など庶民のための施策に熱心でした。王子の飛鳥山は、王子権現の参拝と合わせて片道二里半（約十キロ）、日常生活を離れて花見遊楽の一日を満喫できる江戸近郊の行楽地でした。

**墨堤の花見**　上野ほど堅苦しくなく、飛鳥山ほど遠くない墨堤（隅田川の土手）は、隅田川の船便も使えますし、思いっきり無礼講ができるので多くの花見客で賑わいました。現在でも花見客目当ての屋台が並びますが、江戸時代も土手には掛茶屋が並び、芝居茶番なども出て大賑わいでした。墨堤の桜も吉宗が植えさせたのですが、庶民のガス抜きだけでなく、それとは悟らせずに毎年春に人を集めて、土手を踏み固め、土手の点検をさせるという、人件費タダの一石二鳥の水害対策だったともいわれています。

花に団子はつきものですが、

　長命とやらがよいねえ桜餅

と詠まれたのは隅田川のほとり長命寺（現在の墨田区向島五丁目）門前で売られて

墨田川堤
看花
水神
掛茶屋
女太夫
花見客
掛茶屋

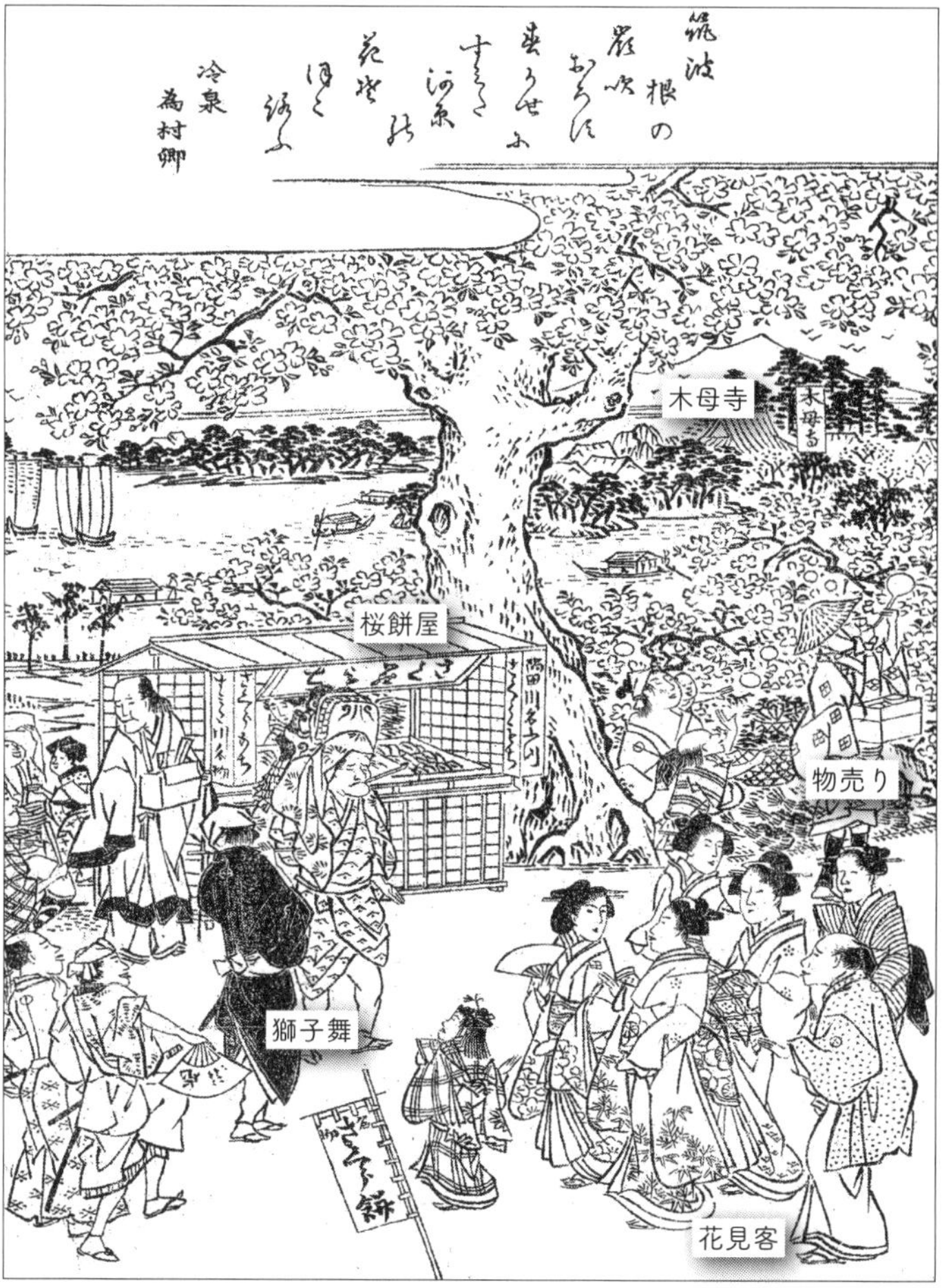


**墨堤の花見**

桜の花が見ごろの隅田川堤の様子。花見客に混じって三味線を弾く女太夫や獅子舞などの芸人、実演でシャボン玉を作る物売りの姿も描かれている。木母寺の奥に見えるは筑波山。

いる桜餅です。墨堤の花見の土産にされました。この長命寺桜餅の店、山本屋は現在も同じ場所で桜餅の名店として続いています。

　かぎつけて女房は食わぬ桜餅

墨堤の花見から、つい吉原へと足をのばしてしまった旦那、女房にはこの桜餅が吉原経由とバレているようで……。

**吉原の花見**　もうひとつ、江戸の桜の名所で忘れてならないのが、花街吉原の桜です。虚構の町に似つかわしく、メインストリート仲の町に植えられている桜は、花の時期に他所から持ってきて並べ植えたもので、花が終わると撤去されます。

満開の桜をバックに繰り広げられる花魁道中《おいらんどうちゅう》は、春の吉原におけるショーで、そのきらびやかな様子は数多くの浮世絵に描かれています。

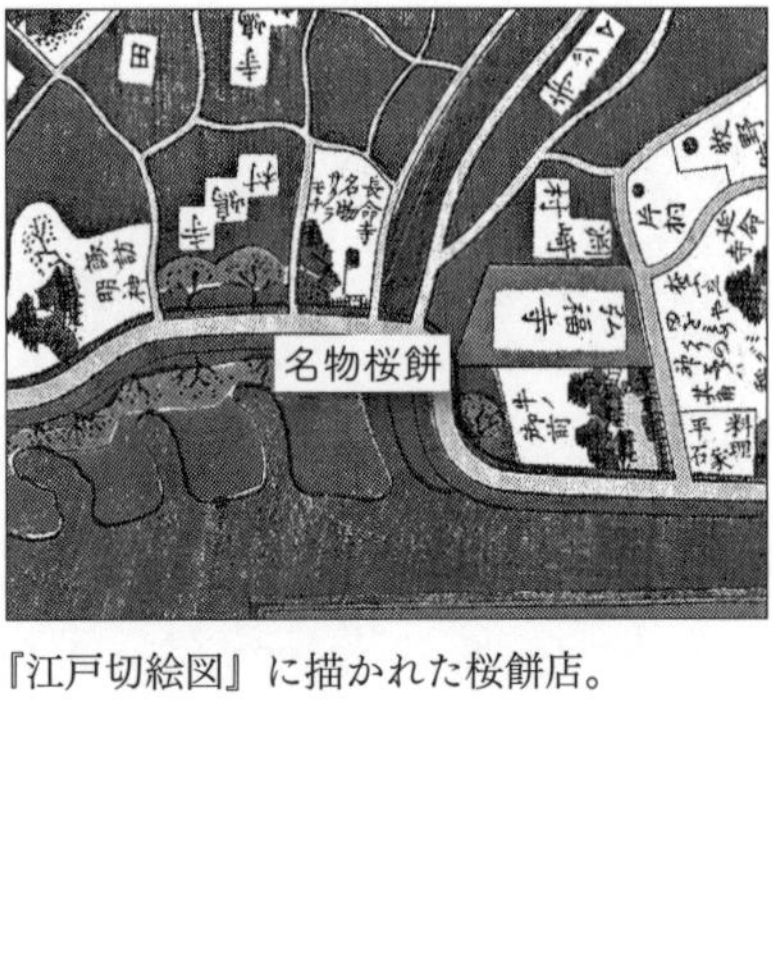


『江戸切絵図』に描かれた桜餅店。

**ソメイヨシノのこと**　現在、日本各地の桜の名所に植えられている桜は、生育が早く、枝いっぱいに見事な花をつける「ソメイヨシノ」という品種ですが、「ソメイ」は庭木や盆栽を扱う植木屋が多くあった染井（現在の豊島区駒込）という地名のこと。幕末に染井の植木屋から売り出されましたが、「ソメイヨシノ」という名で広まったのは明治以降です。と、いうわけで、宝暦八年（一七五八）刊行の桜の図鑑『桜品《さくらじな》』や文政十年（一八二七）刊行の『江戸名所花暦』にはソメイヨシノという名前は出てきません。

江戸の町はけっこう便利にできていま

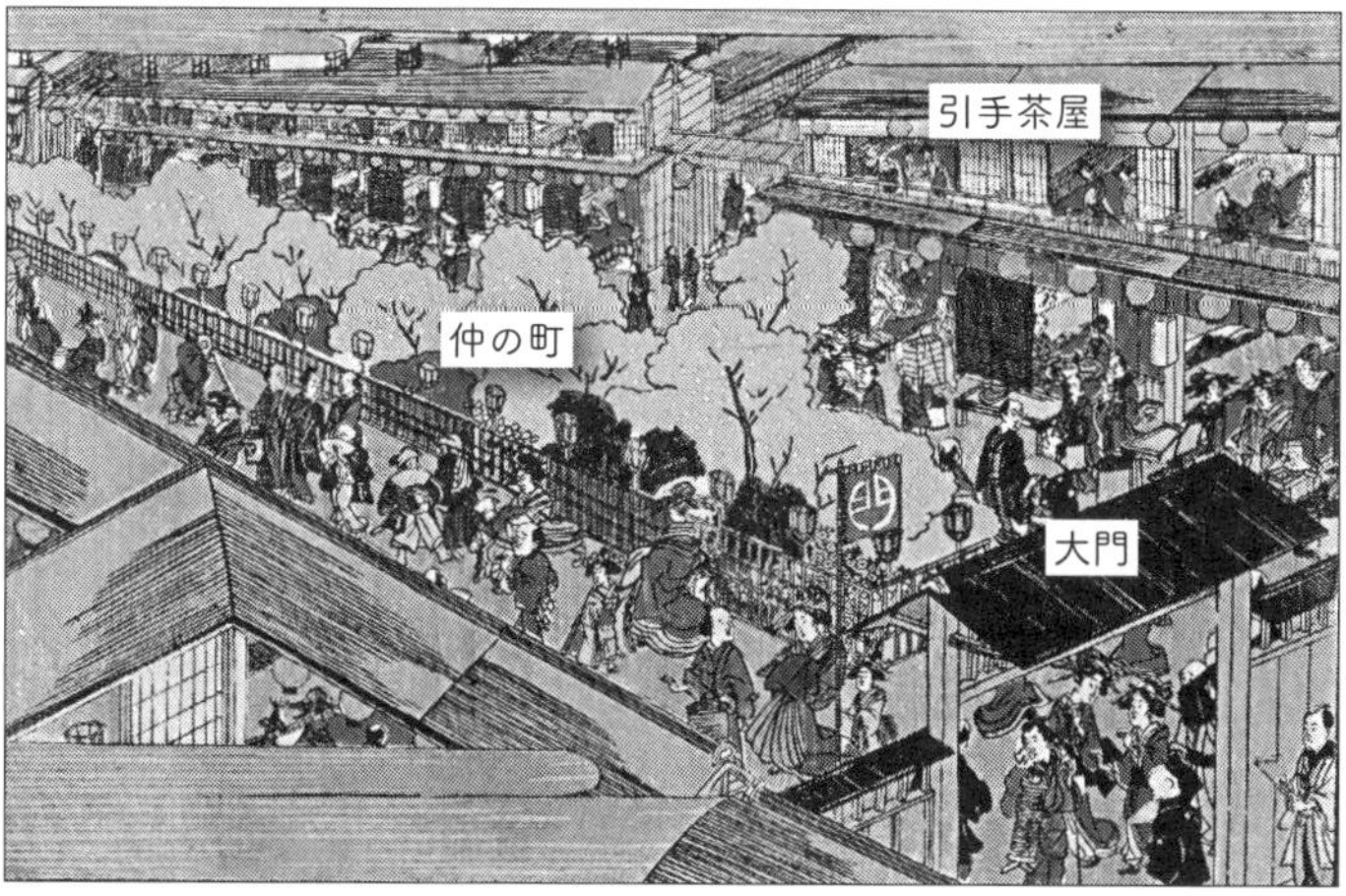


**吉原仲の町の桜**

黄昏になると、ぼんぼりを灯してライトアップをした。

した。コンビニはなくとも、辻々にある番屋では日用雑貨類を売っていましたし（これを商《あきない》番《ばん》屋《や》という）、天秤棒を担いだ振り売りが食料品から季節の物、古着といった衣類やお歯黒などの身の回り品までありとあらゆるものを長屋の路地まで売り声とともに売り歩きに来ました。

**花売り**　雛祭りが近くなると「花ィ、花ィ」と呼びながら、花ばさみの音をチョンチョンと鳴らしてやってきました。荷籠に、桃・桜・山吹などを挿して明け方から売り歩きますが、お得意さんをまわるので、売り歩くルートはだいたい決まっていました。花売りは男性がほとんどですが、たまに老婆の花売りもいました。雛祭りなどの行事の時以外は、仏前に供える花やシキミを売り歩きました。

**魚売り**　魚売りも同じくお得意さんへ日々売りに出かけます。「サザイやサザイ、蛤や蛤」の呼び声で、雛祭り当日に調えるサザエやハマグリ、わかさぎを串に刺して焼いたものを売りました。

**花売り**

**雛祭り**　五節句のひとつ上巳《じょうし》の節句です。雛祭りの起源は奈良時代と古く、身の穢《けが》れを人形に託して川や海に流す儀式から生まれたとされています。雛人形を飾るようになったのは江戸時代以降で、当初は倹約を強いる幕府の禁令があり小型の享保《きょうほう》雛でしたが、次第に豪華になっていきました。
その豪華の極致といえば江戸城大奥の雛祭りではないでしょうか。

**雛拝見**　江戸城大奥では一日から四日まで雛祭りがおこなわれました。奥女中の親戚縁者にあたる人々も、雛飾りの参観を許されていました。江戸城で御台所《みだいどころ》（将軍の正妻）のお雛様を拝見できるなんて、招かれた親類は、それは鼻が高かったことでしょう。天璋院篤姫《てんしょういんあつひめ》のころ

**大奥の雛拝見**

招かれるのは大奥女中の親類の女性たち。

（幕末）の、雛人形は御休息の間と御座の間の二カ所に飾られました。御休息の間の雛飾りはプライベート用で御内所雛と呼ばれていました。御座の間の雛飾りは十二段もあり、小型で細い顔の古今《こきん》雛と大型で丸顔の次郎左衛門《じろうざえもん》雛が飾られ、夫婦雛の衣装は毎年新調されました。御三家、御三卿のご家門からは、サザエ・ハマグリ・蒸餅・白酒・菓子などが献上されました。

**潮干狩り**　一年でいちばん潮の干満の大きい大潮は三月三日ごろでした。品川・高輪・洲崎などに二十町（約二十二キロ）もの干潟ができ、人々が繰り出してアサリ、ハマグリなどを拾いました。現在、ほとんどの海岸が埋め立てられてしまっているので、それほどの干潟を想像するのは難しいのですが、この潮干狩りは四月まで楽しめたそうです。ちょうど大名の参勤交代の時期ですから、東海道沿いの品川や高輪での潮干狩りを楽しんでいると、大名行列の長持唄（長持を持つ者が歌う唄）が浜辺まで聞こえてきて、興を添えました。

**浅葱**　酢味噌和えなどにする春の野菜ですが、三月四日には浅葱《あさぎ》のなますをお供え

喜多川歌麿が描いた潮干狩りの様子。遠くまで干潟が続く。

してから雛飾りをしまいました。また、この日に雷が鳴るとその年は豊作といわれました。

**奉公人出替**　武家・町方ともに三月五日が奉公人の出替《でがわり》の日でした。「浅葱なますで叩き出す」なんて戯言もありました。

古くは二月二日が、出替の日とされていましたが、寛文八年（一六六八）二月一日の大火の際に、幕府が出替の延期を命じたため、この時から三月五日が出替の日となりました。しばらくは、二月二日と併用されていましたが、そのうち江戸も上方も三月五日が出替の日となりました。

五日より五日までなり下女が恋

奉公人の恋は、一年の期限付きということ。

**梅若忌**　梅若丸《うめわかまる》の命日、三月十五日に木母寺《もくぼじ》で大念仏がおこなわれます。梅若丸伝説は能の『隅田川』で有名ですが、簡単に説明をしておきましょう。

京都北白川の吉田少将惟房《これふさ》の子・梅若丸は、人買いにかどわかされて奥州に下っていました。途中で病にかかり、隅田川の堤の上で、「尋ね来て問わば答えよ都鳥、隅田河原の露と消えぬと」という一首を残して亡くなってしまいます。里の人々は憐れんで遺骸《いがい》を堤のそばに埋め、その上に一本の柳の木を植えました。

これが梅若塚の由来で、塚は木母寺の境内にあります。この法会《ほうえ》の日は梅若の涙雨で、必ず雨が降るといわれています。

ところが、さすが江戸っ子、この法会が終わると吉原に遊びに行く者が多かったようで、こんな歌が詠まれています。

帰りには人買いになる梅若忌

現在は四月十五日に念仏法会がおこなわれています。

## 梅若忌

木母寺は隅田村（墨田区堤通２丁目）にある天台宗の寺。貞元元年（976）梅若丸の菩提を弔って創建されたと伝わる。梅若塚の上には小祠があり、梅若丸の霊を祀る。

# 穀雨【こくう】　田畑の準備が整い春の雨の降るころ

江戸　三月中（三月の内）
現在　四月二十日ごろ

若芽の出るころに、静かに細かい春の雨が降り、百穀を潤します。

**八十八夜**　立春から数えて八十八日目、新暦では五月一日か二日にあたるのが八十八夜。「八十八夜の別れ霜」といって、これ以降は霜が降りないとされ、種まきに適した時期です。

「夏も近づく八十八夜〜」の茶摘み唄が有名ですが、茶どころでは茶摘みの最盛期となります。

**雑節のこと**　八十八夜はいわゆる雑節で、年間の行事や農作業の目安とするために、考えられた日本独自の暦です。雑節には、節分、彼岸、社日《しゃにち》、入梅《にゅうばい》、半夏生《はんげしょう》、二百十日、土用などがあります。

**蓑市**　浅草寺雷門の前で三月十八日に開かれる市で、蓑《みの》のほかに臼《うす》・杵《きね》・鍬《くわ》・鎌などの農具が売られます。この日は三社祭の初日にあたりますが、三社祭で神輿《みこし》渡御《とぎょ》のある年は（隔年と四年に一度の説あり）、翌日の十九日に開かれたそうです。

　蓑市へうろたえて来る江戸の者

蓑を売っているのは近郷の農民たち、祭りのつもりで浅草寺へやって来た江戸っ子は、田舎の風情にあらびっくり。この蓑市は明治のはじめまで続いたそうです。

**三社祭**　浅草三社権現の祭礼で「観音祭り」ともいわれました。
三社さまは浅草寺の本尊の観音像を見つけた檜前浜成《ひのくまのはまなり》・竹成《たけなり》兄弟と、その観音像を奉った土師中知《はじのなかとも》の三名を祀っていて、浅草一帯の総鎮守です。
十七日は、五穀豊穣を願って〝びんざさら〟（檜《ひのき》でできた打楽器）を鳴らす田楽と田楽おどりが奉納されました。十八日は、宮神輿三基を浅草見附から船に乗せ、隅田川をさかのぼり、駒形《こまがた》堂から陸に上がって本殿に戻る船《ふな》渡御《とぎょ》がおこなわれました。農

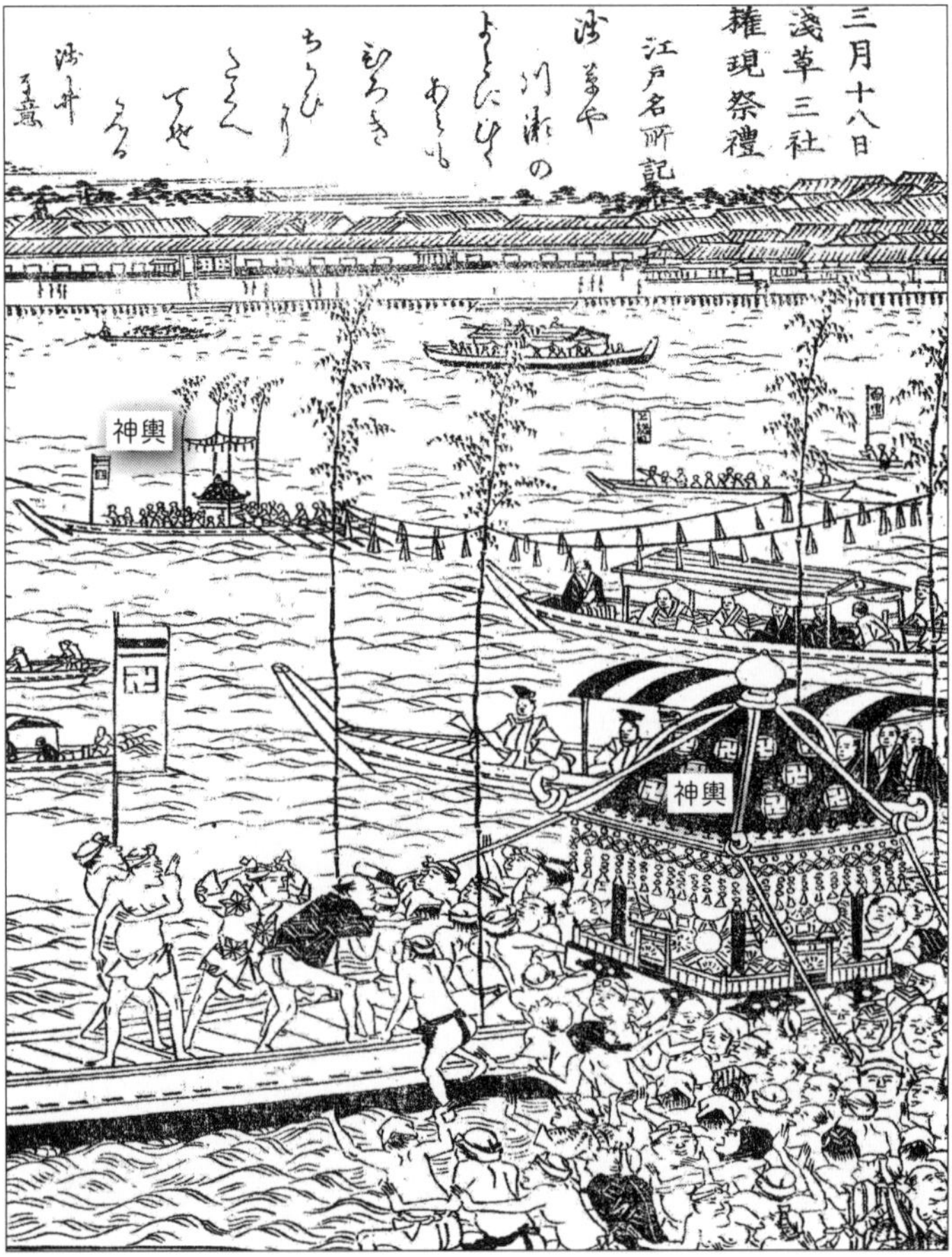
三月十八日
淺草三社
權現祭禮
江戸名所記
神輿
神輿

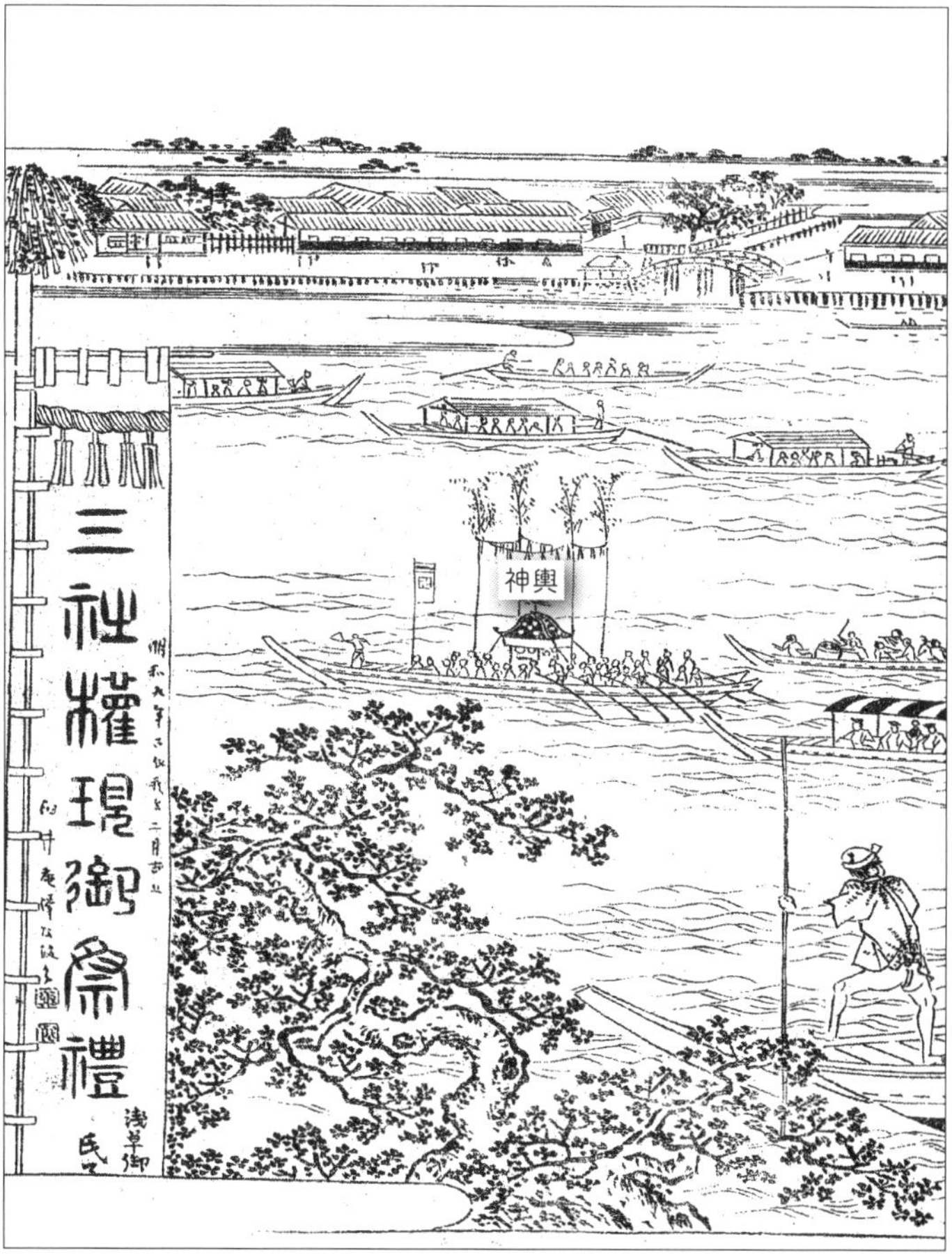


**浅草三社祭**

六郷や大森（大田区）の村々から漁師が神輿の渡御に加わったり、船で神輿のお供をした。昔、浅草から大森に移った漁師が、祭りの際には駆けつけるという風習が続いていた。

民と漁師が共存する浅草の地ならではの鎮守祭りです。

この季節は、過ごしやすい気候のため、さまざまな催しが行なわれました。

**出開帳**　諸国の寺社の秘仏を運んで公開するイベントです。江戸の町では盛んに出開帳がおこなわれ、本所・浅草・深川あたりの寺社が宿寺を多くつとめましたが、本所回向院《えこういん》はなんと百六十六回も宿寺をつとめました。開帳には寺社奉行の許可が必要で、日数は長期間で六十日間、三月からはじまることが多かったようです。

**本所回向院の出開帳**　角塔婆《かくとうば》に触れて仏と縁を結ぶ。

江戸開帳四天王といわれたのが、信州善光寺・身延《みのぶ》山久遠寺《くおんじ》・京都清涼寺・成田山新勝寺でした。遠国の有名な秘仏を見ることができ、仏さまと信仰を結ぶという庶民の願いもありますが、寺の側からすれば短期間で臨時収入を得る手段でした。

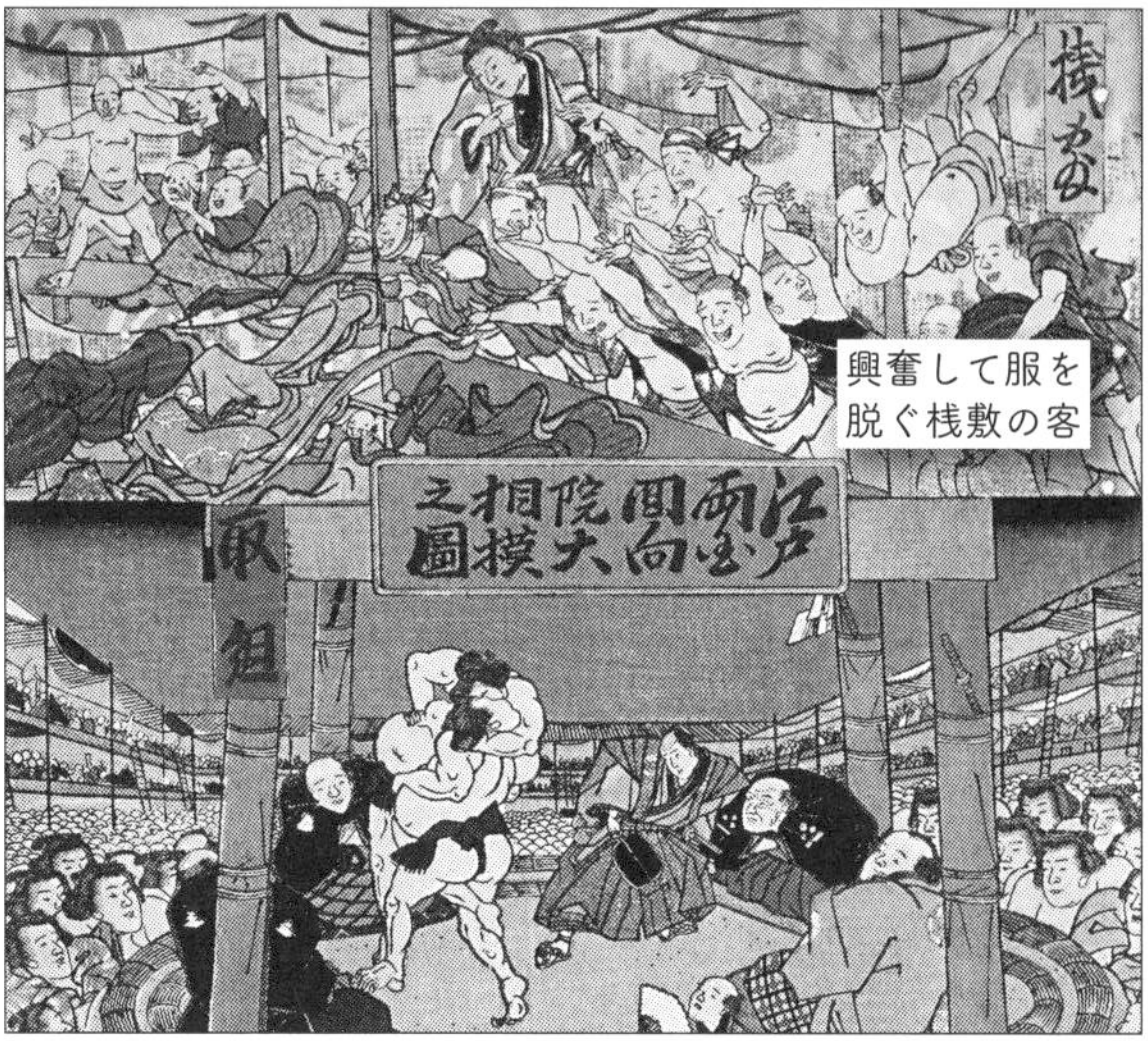


**勧進相撲**　相撲観戦は男性のみに許された。

**勧進相撲**　寺社の境内でおこなわれる勧進《かんじん》相撲《ずもう》は、本来、寺社の修復費用などを集めるためのものでした。江戸中期になると木戸銭を集めることが目的となりました。代表的な興行場所は、回向院や富岡八幡宮《とみがおかはちまんぐう》の境内で、春と秋の年二回十日間ずつ晴天の日に開催されました。

**書画会**　文士・書家・画家の即席揮毫《きごう》即売会で、柳橋の万八楼《まんぱちろう》のような料亭で開かれました。現代に例えるならば、文化人がホテルで食事つきサイン会を行なうような感じでしょうか。

『南総里見八犬伝』の作者・滝沢馬琴《ばきん》の書画会の来会者が六百人余だったといいますから、書画会は押すな押すなの大盛況だったようです。また、馬琴は書画会で二百両を稼ぎ、そのうちの百五十両で孫のために御家人株を買ったといいます。

書画会のほかに、いけばなや狂歌・俳諧・囲碁・将棋の集会や浄瑠璃《じょうるり》・小唄・三味線や踊りの発表会などもこの時期に盛んにおこなわれました。

有名料亭「万八楼」での書画会の様子。

**御殿女中の宿下がり**　町方から行儀作法見習いとして武家奉公に出た女子たちが、休暇をもらって親元に戻ってくることを宿下《やどさ》がりといいました。期間は五日から十日。大奥では、三年目にしてやっと宿下がりが許されます。三年目に六日、六年目に十二日、九年目に十六日、以下は何年勤めても十六日でした。大奥の話が外に漏れるのは宿下がりの時というわけで、上役から「奥向きのこと勤め向きのこと、他人は申すに及ばず親兄弟たりとも深く他言を憚《はばか》るをよも忘れはすまじ」と諭されたといいます。

立派なお武家に娘が奉公しているのは、親にとっては誇らしいことで、親戚を集めて宴を開いたり、また息抜きにと芝居見物をさせたりしました。

三月弥生の歌舞伎は、宿下がりの御殿女中たちを当て込んで、『伽羅先代萩《めいぼくせんだいはぎ》』『加賀見山旧錦絵《かがみやまこきょうのにしきえ》』などの御殿物と呼ばれるお家騒動を扱った演目が上演されました。

御殿奉公見習い女中の宿下がり。

# 第二章 夏

4月 立夏 小満

5月 芒種 夏至

6月 小暑 大暑

# 立夏【りっか】 夏への気配が感じられるころ

江戸　四月節（三月後半――四月前半）
現在　五月六日ごろ

立夏から夏がはじまります。私たちにとっては、四月から夏がはじまるというのはどうも不思議な感じがしますね。

江戸の人々は季節が変わることを、五感で存分に楽しんでいました。

夏の訪れを詠んだ有名な句があります。

目には青葉山ほととぎす初鰹《はつがつお》

江戸中期、芭蕉と同時代に活躍した俳人・山口素堂《そどう》の句です。目にはすがすがしい青葉が映り、耳には山ほととぎすの初音《はつね》が聞こえ、舌には初鰹を味わう初夏が訪れたというのがこの句の通釈ですが、この句がことさら有名になったのは、江戸の人が初鰹に寄せる熱い思いからなのです。

**初鰹**　江戸の人々が初鰹に向ける愛着は、尋常ならざるものがありました。

初物を食べれば寿命が七十五日延びるといわれ、江戸っ子の「宵越しの金は持たない」というという金使いの荒さと見栄があいまって初物食いブームに拍車がかかりました。

なかでも初鰹がその代表格。その値段はべらぼうに高く、文化九年（一八一二）三月二十五日に魚河岸《うおがし》に揚がった初鰹は十七本。六本が将軍家へ献上され、三本が有名料亭の八百善《やおぜん》へ二両一分で売られ、残り八本は魚屋へ渡りました。その魚屋から歌舞伎役者の三代目中村歌右衛門《うたえもん》が一本を三両で買って、大部屋俳優に振る舞ったそうです。

一両が現在の十万円の価値と考えると、鰹一本に三十万円！

　初鰹銭と辛子《からし》で二度涙

料亭・八百善の主人が著した『料理通』。
挿絵の初鰹は谷文晁によるもの。

初鰹を買う時の値段の高さに涙、そして食べる時の辛子で涙。江戸時代は、鰹の刺身には〝おろししょうが〟ではなく、辛子をつけました。

　鎌倉を生きて出でけむ初鰹

これは芭蕉の句ですが、ピチピチの新鮮な鰹が目に浮かぶようです。

江戸では初鰹の本場物は鎌倉でした。馬の背で運んだものを八尾ずつ一株として売買されました。一尾四、五百匁《もんめ》（約一・五キロ〜一・九キロ）の大きさのものが珍重されました。

また、初鰹をほかの人より早く手に入れるために、あらかじめ品川沖に船を出しておいて、三浦や三崎あたりから江戸に鰹を運んでくる押送船《おしおくり》（鮮魚を急送する小型の運搬船。帆走できない風向きのときは櫓《ろ》を押すようにして急送した）に向かって一両を投げ込んで一本分けてもらうなんて強者もいたそうです。

初鰹だけでなく茄子《なす》や筍《たけのこ》、胡瓜《きゅうり》など江戸っ子たちがあまりにも初物買いに熱狂し、物価高騰さえ招くので、幕府はたびたび規制をしたのですが、逆に幕府が設けた売り出し解禁日が人より早く味わう目安になってしまっていました。

食べ物の次は衣服をみてみましょう。

**衣更え**　江戸時代、衣更《ころもが》えは年に四回ありました。四月一日、五月五日、九月一日、九月九日です。四月一日から五月四日までは袷《あわせ》の着物を着ます。現代の日本人はほとんど洋装の生活になっていますから、袷といわれてもピンときませんが、裏地つきの着物のことです。冬場に着るのが綿入れ、夏場に着るのが裏地のない単衣《ひとえ》か帷子《かたびら》です。この日は、袷の表地と裏地の間に入れていた薄綿を抜くので、「わたぬき」とも呼ばれていました。道行く人々がみなでいっせいに衣服を改める、衣更えも季節の大切な行事のひとつでした。

　四月朔日《わたぬき》に腸《わた》をぬかせる珍しさ

衣更えの「わたぬき」と初鰹の「はらわた」をかけている句です。

この日から九月八日まで、足袋《たび》は履かないことになっていました。

**灌仏会**　この時期のいちばん大きな行事が、灌仏会《かんぶつえ》です。お釈迦《しゃか》様の誕生を祝って四月八日におこなわれる法会《ほうえ》で、寺では花御堂《はなみどう》と呼ばれる小さなお堂をつくりました。お堂の中にはお釈迦様の像を安置して、屋根には牡丹《ぼたん》・芍薬《しゃくやく》・百合・藤・燕子花《かきつばた》などの花々が飾られました。一向宗以外のお寺で開かれるのですが、とくに本所回向院《えこういん》に参詣者が集まったそうです。

**甘茶**　アマチャヅルの葉を煎じた甘味のあるお茶で、誕生したお釈迦様に甘露（神々の飲み物）を注ぐになぞらえて、花御堂の中のお釈迦様の像にかけます。

子供たちは、この甘茶をもらうのを楽しみにしていて、朝早くから小さな手桶を持ってやってきました。

また、参詣の人々はもらってきた甘茶を使って、まじないをしました。

甘茶で墨をすって、「五大力菩薩《ごだいりきぼさつ》」と三行書き、櫃《ひつ》に入れると衣類の虫喰いを防ぐとか、「千《ち》早《は》や振《ぶ》る卯《う》月八日は吉日よ、かみさけ虫をせいばいぞする」と書いて家の柱に貼ると害虫が来ないとか。初夏になり気温が上がり虫の動きも活発になる時期だからこのようなまじないが生まれたのでしょう。

**灌仏会**　釈迦像に甘茶をかける。

灌仏会がおこなわれる寺の門前には、青竹の手桶を扱う店や、葦《あし》の芽とぺんぺん草を売る店が出ました。青竹の手桶は甘茶をもらう器です。葦の芽は子供たちが笛にします。ぺんぺん草はこれまた害虫よけになるということで、雪隠《せっちん》（トイレ）の隅に吊るしておいたそうです。

**大奥の灌仏会**　大奥の灌仏会は、大奥の人々が出かけるのではなく、牛込宗柏寺《そうはくじ》のお釈迦様が大奥へ出仕をしました。お釈迦様を呼びつけるのですから、大奥の権勢のほどがうかがえます。この日、御台所《みだいどころ》はお手ずから蓮《はす》の花びらに似せた餅をこしらえてお供えをしました。お釈迦様は午《うま》の刻（昼の十二時ごろ）に退出する決まりだったようです。

**町家の灌仏会**　お寺に参詣もするのですが、家々ではこの日、新茶を煮て

小さな釈迦像を拝む大奥女中。

仏さまに供えました。新茶のほかにも、卯の花と「いただき」という餅を供えました。いただきは、ちぎった草団子に餡《あん》を少しのせたものです。別名「はなくそ」といいましたが、これは「花草餅」が訛《なま》ったのではないか、ということです。

そして各家の軒下には、立春の前日、節分に魔よけとして挿しておいた鰯《いわし》の頭と柊《ひいらぎ》の小枝を取り捨て、代わりに卯の花を飾りました。

　鬼逃げたあとへお釈迦の花をさし

大坂の家々では、卯の花を飾る代わりに竿頭《かんとう》に躑躅《つつじ》を結びつけて立てました。

**とうきたり**　手には灌仏会の花御堂を模した岡持ちのようなものにお釈迦様の裸像を立てて持ち、片手に開いた扇を抱え「おしゃか、おしゃか」とやってくる異様な風体の人物。これは願人坊主《がんにんぼうず》が物乞いをしている姿です。江戸の町には、彼らのように門付の芸をして銭を乞う者が多くいました。

立夏を過ぎると夏の風物ともいえる物売りがやって来ました。

**とうきたり**

威勢のいいべらんめえ調の初鰹売りはもちろんですが、そのほかには……。

**蚊帳売り**　「萌葱《もえぎ》のかやぁ〜」の売り声は、蚊帳《かや》売りです。蚊帳とは、蚊を防ぐために吊り下げて寝床をおおう日用品です。麻や絽《ろ》、木綿などでできていました。現在は、網戸がありますし、またエアコンなどの冷房機器が発達し、夜分でも窓を開けて寝るということがないので、蚊帳は都会の暮らしではあまり目にする機会はなくなってしまいました。

さて、蚊帳売りですが、呼び声担当と荷を担ぐ担当の二人一組でまわってきました。彼らは畳表や蚊帳を扱う店の雇人で、呼び声担当は美声の者を採用し、練習させてから町へと送り出しました。

　蚊帳売りの声もろともに日のながさ

「萌黄のかやぁ〜」の長く伸ばす売り声を聞くと、日が長くなった事を実感します。

蚊帳売り

**苗売り**　「朝顔の苗や、夕顔のーない、蜀黍《とうきび》の苗やァ、へちまの苗、茄子《なすび》の苗や唐辛子の苗、お白いの苗や黄瓜《きゅうり》の苗、瓢箪《ひょうたん》の苗や冬瓜《とうがん》の苗」と田舎めいた声で売りくるのは苗売り。みかん箱のような箱を筵《むしろ》で包み、大・中・小の三箱を重ねて、天秤棒に前後して担い、手ぬぐいを唐茄子《とうなす》被りにして売り歩きました。畑のない町中で売り歩くのも不思議ですが、ベランダ菜園ならぬ軒先で育ててみようなんて考える人が多かったようです。

　とはいえ、結局、水道の水ではうまく育たずに、長屋の芥溜《あくただまり》に年貢を納めるようなものだったとか。

苗売り

# 小満【しょうまん】　草木が茂ってあたりに満ちはじめるころ

江戸　四月中（四月の内）
現在　五月二十一日ごろ

天明七年（一七八七）に書かれた暦の解説書『暦便覧』によると小満は、「万物盈《えい》満《まん》すれば草木枝葉繁る」と説明されていますが、麦畑が緑黄色に色づきはじめる時期なので、農民たちがちょっとほっとしたから「小満」という説もあるようです。

沖縄では次の節「芒種《ぼうしゅ》」と合わせて「小満芒種《スーマンボースー》」といって、梅雨のことをいいます。この呼び方は現在も奄美《あまみ》や沖縄で使われているそうです。

藤や芍薬の花が咲きはじめ、団扇《うちわ》売りや金魚売りが路地にやってきて、夏の気配が色濃くなってきます。

**亀戸天神の藤**　広重の『名所江戸百景』シリーズの「亀戸天神《かめいどてんじん》境内」は、太鼓橋と藤の花房が印象的な錦絵です。亀戸天神の藤は、盛りになると藤の花房が池一面に

太鼓橋の向こうに池のまわりを取り巻く藤棚が見える。
『名所江戸百景　亀戸天神境内』より。

映ってまるで紫の水を流したかのようだったといいます。藤棚の下に茶店が出て、一服できるので人気の鑑賞スポットでした。

現在でも、四月下旬から五月上旬に藤まつりが開催されていますが、境内から東京スカイツリーが見えるとあって、最近はさらに人気を集めています。

**金魚売り**　金魚はフナの変種で、日本に入ってきたのは元和《げんな》期（一六一五—一六二三）といわれ、三代将軍の家光が金魚を飼っていた記録が残っています。元禄期（一六八八—一七〇四）には大きな金魚屋が上野池之端《いけのはた》にあり、江戸時代後期には町家の人々も涼を求めて好んで飼育しました。

金魚売りは、金魚屋から金魚を仕入れて、町に売りに出ます。「めだかぁー、きんぎょうー」の甲高い独特の呼び声は、涼を感じる夏の景物のひとつでした。

金魚売りと子ども

**団扇売り**　四月の末になると姿を現すのが団扇売りです。細い篠竹に団扇を何枚も通して肩に担ぎ、「本渋うちわ、更紗《さらさ》うちわ、反故《ほご》うちわ」という呼び声でした。錦絵が描いてある団扇は十六文と安く（蕎麦《そば》一杯と同じ値段）、たいした絵ではなかったそうです。

団扇の形にも流行があって、はじめは軍配形の奈良団扇、天明ごろ（一七八一―八九）には丸形の東《あずま》団扇が人気となり、その後、楕円形のものが人気となりました。

**薬品会**　江戸時代後半になると、浅草向柳原《むこうやなぎはら》（現在の台東区浅草橋あたり）にあった幕府の官立の医学学校「医学館」主催の薬品会が四月十七日から十九日ごろに開かれていました。

さまざまな国から集めた産物や医療の器具、江戸に住まう名だたる医家の所蔵品が展示されるのですが、残念ながら一般の見学は許されていませんでした。

団扇売り

**兜市**　二月終わりの雛《ひな》市と同じように、四月二十五日から五月四日まで往来に床店《とこみせ》が並び、端午《たんご》の節句用の品々を商いました。甲冑《かっちゅう》・上がり兜《かぶと》・幟《のぼり》・旗指物・馬印・菖蒲刀《しょうぶがたな》・槍・長刀・弓箭《きゅうせん》・鉄砲などの武具、鍾馗《しょうき》像や武者人形などが並びました。夜になると灯火に美しく輝いて、お客が昼も夜も絶えることがなかったといいます。

兜市でいちばん賑《にぎ》やかだったのは、やはり雛市と同じく日本橋十軒店《じっけんだな》でしたが、尾張《おわり》町（中央区銀座五丁目あたり）に立つ市も有名でした。

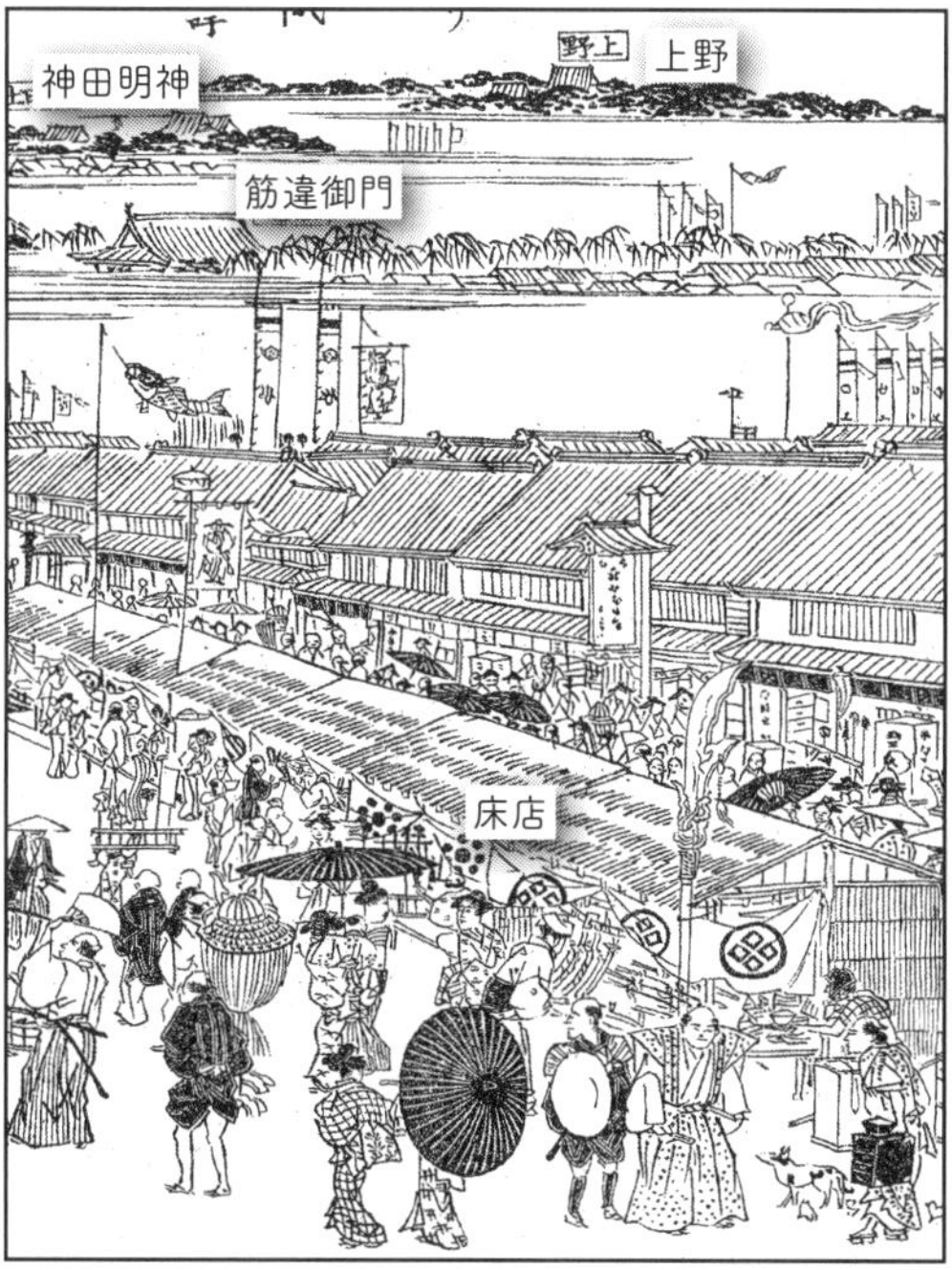


十軒店の兜市

初夏交加圖
素堂
髪結床か
釣忍
菖蒲
初鰹
兜
魚売り

**初夏の江戸の町の様子**

橋のたもとに出ているのは菖蒲刀の立売り。菖蒲刀とは、もとは端午に菖蒲の葉を束ねて刀のように作り、男の子が差したもの。時代が下ると、柄に菖蒲の葉を巻いた木刀となり、さらには彩色したり、金銀の紙を貼って節句飾りとした。

# 芒種【ぼうしゅ】　芒《のぎ》のある穀物を植えるころ

江戸　五月節（四月後半——五月前半）
現在　六月六日ごろ

芒とは稲などの花の外殻についている針のような突起のことです。

農村では本格的な田植えのシーズンを迎えます。現代とは農法が違うのでひと月くらい遅い田植えになります。農民たちはお揃いの浴衣をあつらえて、歌を歌いながら田植えをしました。

梅雨《つゆ》は芒種のあとの初の壬《みずのえ》の日にはじまり、小暑《しょうしょ》の壬の日に終わるとされていました。梅の実も黄色く色づいてきます。

五月雨《さみだれ》は旧暦五月に降る長雨のこと、つまり梅雨のことです。新暦の五月で考えるとちょっとイメージが違うかもしれません。鯉幟《こいのぼり》も新緑の晴天の空に……、ではなくて梅雨空の雨の中を泳ぐといった感じだったのかもしれませんね。

　江戸へ出て泥足を干す菖蒲売り

端午の節句に使う菖蒲を売る菖蒲売りが町にやって来ました。

**端午の節句**　五月五日は、式日《しきじつ》ですから武家は江戸城へ登城し、粽《ちまき》を献上しました。また、この日から武家の礼服は帷子《かたびら》になります。一般には、麻などの単衣《ひとえ》ものをこの日から八月の終わりまで着ました。

武家は登城ですが、節句なので職人たちは仕事が休みでした。家々では軒に菖蒲・蓬《よもぎ》を葺《ふ》き、粽や柏餅をつくり、菖蒲酒（菖蒲の根を刻んで入れた酒）を飲んでお祝いをしました。菖蒲を軒に葺くことは、菖蒲が水草なので、火除けのまじないの意味があったといわれています。

子どもたちは、集まって「菖蒲打ち」という遊びに興じます。菖蒲の葉を平たく編んで一本の棒のようにして、お互いに地面をたたいて切れたほうが負けという遊びです。

銭湯を沼になしたる菖蒲かな

其角《きかく》の句ですが、風呂のない長屋暮らしの庶民たちもこの日は銭湯で菖蒲湯に入りました。菖蒲湯は現在でも受け継がれている風習ですが、独特の芳香はアロマテラ

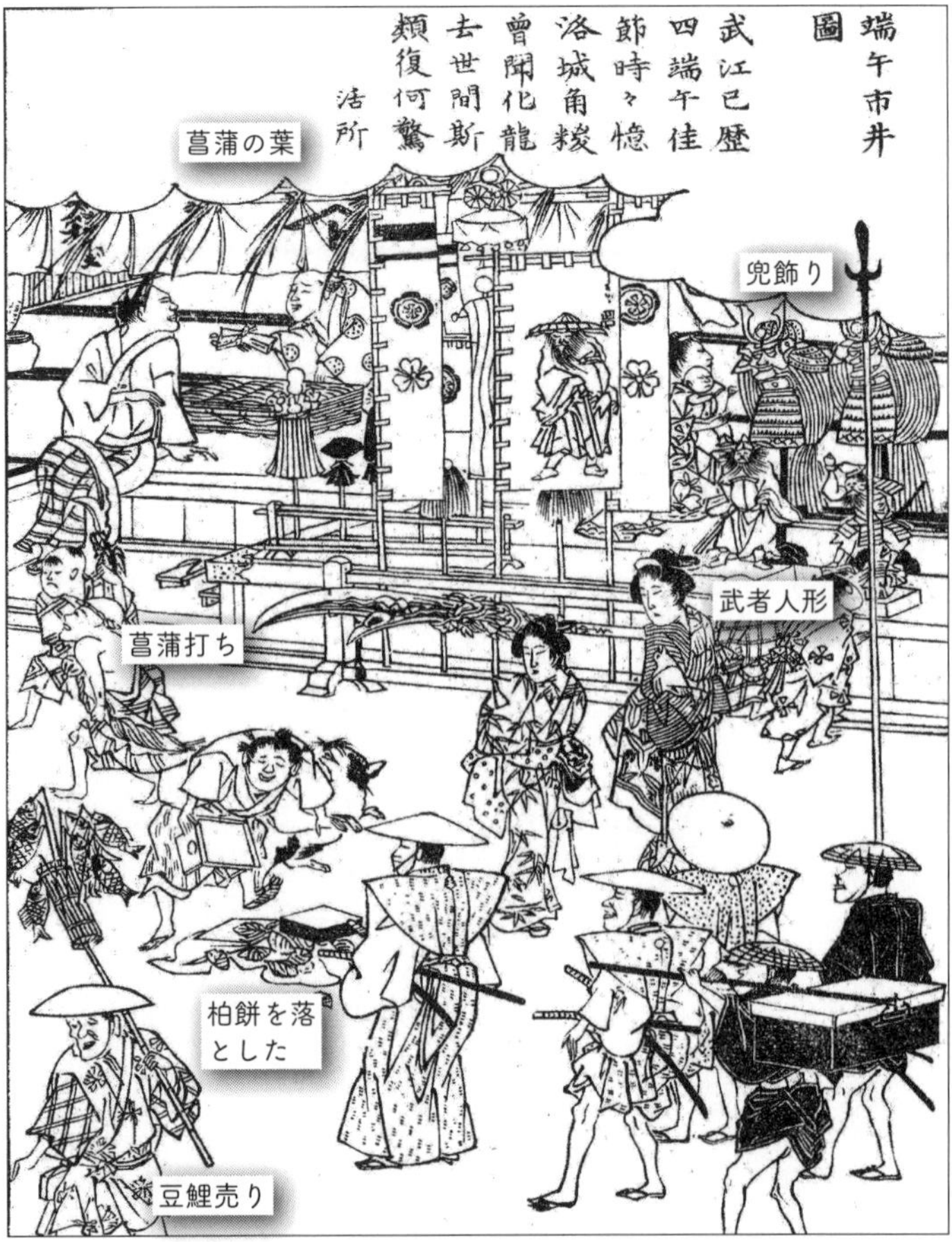
端午市井圖
武江已歴
四端午佳
節時々憶
洛城角粽
曾聞化龍
去世間斯
類復何驚
活所
菖蒲の葉
兜飾り
武者人形
菖蒲打ち
柏餅を落
とした
豆鯉売り

**端午の江戸の町の様子**

商店が並ぶ日本橋あたりの往来と思われる。店の軒には邪気払いに菖蒲の葉をのせている。裃姿の武士は、粽の献上のために登城するところか。豆鯉売りは、紙製の鯉をわら束に刺して売り歩く。

ピー効果を、菖蒲の葉や根に含まれる精油成分は血行促進などに効果があり、菖蒲湯はまさに心身ともに効果のある薬湯です。大事にしたい風習のひとつです。

**鯉幟**　七歳以下の男の子のある家では、戸外に幟《のぼり》を立て、内には兜人形などを飾りました。この幟は、家の紋と母方の紋を染め抜いたもので、これに矢車を付けた吹き抜けの鯉などを立て添えました。鯉幟を飾るようになったのは、江戸時代中期以降のことで、武家が旗指物などを飾るのに町人が対抗して、出世魚の鯉を立てたのがはじまりとされています。ですので、鯉幟は江戸の風習で、上方にはありませんでした。当初は紙製で大きさも四、五十センチほどでした。大型になったのは明治以降のことです。

　　江戸っ子は皐月《さつき》の鯉の吹流し

江戸っ子は腹に一物などないさっぱりした気性なのか、それとも口ばっかりで中身がないのか……。

**大川筋水垢離**　五月五日の早朝に大川（隅田川）で水垢離《みずごり》をして邪気を払うという

風習がありました。

　町々の若衆が梵天《ぼんてん》と呼ばれる幣《ぬさ》を担いで、法螺貝《ほらがい》を吹き鳴らしながら、向鉢巻きに揃いの袢纏《はんてん》で「帰命頂礼《きみょうちょうらい》」と唱えながら水垢離をしました。終わると町内に引き上げて、梵天の幣を家々に配りました。

梵天と呼ばれる幣を担ぐ男たち。

**蛍狩り**　初夏になると姿を現すのが蛍です。江戸の蛍の名所は、落合（新宿区下落合あたり）、王子、谷中の蛍沢、目白下、江戸川のほとり、麻布、古川、本所あたりなどたくさんありました。水路の巡る水辺都市江戸ならではですが、現在は川は暗渠《あんきょ》となって、また水質の問題もあり、蛍をめったに見ることができません。

　当時は、蛍を捕まえようと、日暮れになると子どもを連れてみな出かけてゆきました。長竿の先に竹の葉や、団扇、紙袋などそれぞれ結わえて、飛んでいる蛍をなんとか捕まえようと道具をこしらえていったのです。

落合螢
氷川明神
田島橋
長竿に笹葉をつける
虫籠

**蛍狩り**

落合の蛍は、高く飛び、星のように強く光るので、蛍の名所として多くの遊客が涼みをかねてやってきた。

# 夏至【げし】　昼がもっとも長くなり夜が短いころ

江戸　五月中（五月の内）
現在　六月二十一日ごろ

いきなりですが、大人の江戸人なら知っていたであろう、この時期にまつわるちょっと不思議な説を紹介しましょう。

**五月の十六夜**　十六夜《いざよい》とは毎月十六日の夜のことですが、この十六夜のうちでも五月の十六夜は性交禁忌の日とされていました。この日にセックスをすると、三年以内に死んでしまうというのです。

この説は平安期に編纂された日本最古の医書『医心房』がもとになっていて、

「妻女論曰、五月十六日、天地牝牡日、不可行房、犯之出三年必死（妻女論では、五月十六日は天地の牝牡が逆転する日なので房事をおこなってはならない、これを守らなければ三年以内に必ず死ぬ）」

と書かれているそうです。

渇しても女房十六夜にはさせず

なんて川柳もありますし、どうやらみんなこの説を知っていたようですね。迷信なのでしょうが、恐ろしいですね、恐ろしいですね。

**半夏生**　半夏生《はんげしょう》は雑節のひとつで、夏至から十一日目。梅雨の終わりのころで、この日までに田植えを終わらせることができれば、半分の収穫は確保できるという目安でした。稲作が重要だからこその暦日です。

**両国川開き**　五月の二十八日は両国の川開きです。いよいよ夏真っ盛りとなります。この日に花火が打ち上げられると、納涼がはじまる合図です。五月二十八日から八月二十八日までの三か月間、両国橋界隈での夜店の営業や納涼船の往来が許されました。川開きがはじまったのは万治《まんじ》年間（一六五八—六一）ですが、花火の打ち上げは、八代将軍吉宗の時代、享保《きょうほう》十八年（一七三三）に、大飢饉や疫病の死者を慰めるために、両国橋ぎわで水神祭をおこない、花火を打ち上げた時からとされています。

川開きの数日前から船宿の船はすべて予約済みとなり、屋形船や屋根船（日除けの

本所一ツ目
鍵屋の花火
両国橋
うろ船
揚弓場
料理屋が並ぶ
髪結床
船宿が並ぶ

**両国橋と花火**

両国橋は明暦の大火後に武蔵と下総の両国を結ぶ橋としてかけられた。
橋のたもとの広小路は見世物小屋や茶屋の並ぶ歓楽街。

屋根のついている小型の船）、ひらた船（底の平たい大きめの川船）、猪牙《ちょき》船（細長くて先の尖った船。吉原通いの遊び船に用いられた）など大小多くの納涼船が隅田川を埋め尽くしました。

両国橋の上には花火見物の人々が日暮れ前からぞくぞくと詰めかけ、前にも後ろにも進めないほど混雑していました。納涼客目当ての出茶屋が並び、軒に吊るした提灯の光が、遠くから見るとまるで星のように輝いていたといいます。

**江戸の花火**　今でも花火見物の際に「たーまやー、かーぎやー」と見物客からかけ声が上がりますが、これは「玉屋」と「鍵屋」という花火師の屋号です。打ち上がるのは両国橋をはさんで玉屋が上流、鍵屋が下流と決まっていて、互いに技を競い合っていました。玉屋は天保十四年（一八四三）に火事を出したため廃業しましたが、鍵屋は、現在も続いており、鍵屋十五代目は女性の花火師さんがつとめています。

江戸時代の花火は、現在の大輪で色とりどりな花火とはちがって、色は橙《だいだい》色のみ、それが放物線を描いて落ちていくものでした。大輪のように開くのは明治七年（一八七四）になってから、色とりどりになるのも明治二十年（一八八七）以降のことです。

一両か花火間もなき光りかな

江戸時代の花火の値段は一両だったといいます。一両十数万円と考えると、やっぱり高価です。美しい花火があっという間に消えてしまうことに、はかなさを感じますが、そのお値段も気になるのが人の心というものでしょうか。其角の作ですが、彼らしい派手な句です。

**柳橋の芸者**　川開きの日に、いつもと違う様子を見せるのが、柳橋の芸者衆でした。柳橋は、神田川が隅田川に流れ出る河口に架かる橋で、この周囲の花街のことも俗に柳橋といいました。万八楼《まんぱちろう》や亀清、柳光亭といった有名料亭や船宿が立ち並び、柳橋にはたくさんの芸者がおりました。

ところが、川開きの日に芸者を頼むと、「芸者売り切れ」と称して断られてしまいます。これはすでに予約が入っているのではなく、実は、柳橋の芸者たちは川開き客を嫌っているのです。芸を売る女としては、年に一度だけやってくるバカ騒ぎ目当ての客につき合うのはプライドが許さない、といった感じなのでしょうか。

その日、芸者たちは素人のような格好で、文人たちが愛した根岸の鶯春《おうしゅん》亭などで遊びました。「涼風の閑散を愛すとは、さすが粋な柳橋芸者」と、風流な御仁たちから、さらに評価を高めたそうです。

**船遊山**　夏の最高のレジャーが隅田川に船を浮かべての納涼でした。屋形船に芸者を呼んで杯を重ねる贅沢な遊びです。花火は船遊山のお大尽が上げさせたので、川開きの日以外にも見ることが出来たといいます。

納涼船の間を縫うようにいくのが〝うろうろ船（うろ船）〟で、果物・酒・肴などを屋形船の客に売っていました。

切ったスイカをのせたうろ船。

さて、季節の使者、夏ならではの物売りたちを見てみましょう。

**冷水売り**　「ひゃっこい、ひゃっこい」の売り声は、冷水売り。泉の水を汲《く》んで、そこへ白糖と白玉を入れたものが、ひと椀四文でした。白糖を多く加えてもらうと、料金はそれにしたがって、八文、十六文と上がりました。上方では、団子は加えず、砂糖水屋といいました。人通りの多い繁華街にお客を求めてやって来ました。

　ぬるま湯を辻々で売る暑いこと

という川柳をみると、冷蔵設備もない江戸時代、実態は冷水とは言い難いものだったようですね。

**ところてん屋**　ところてん屋が担いでいる箱は、中が見えるように格子で透かしてあります。これは涼しげに見せる工夫で、この箱をさらに杉の青葉で飾りました。また、ところてんにかける醤油・酢が入った徳利の口にも杉の青葉を挿しました。

　杉の葉の中から酢が出醤油が出

売り声は「ところてんやァ、かんてんやァ」で、夏のあいだ中、幾人もが市中をまわってきました。

冷水売り

このところてん売りのなかで「ところてんの曲突《きょくつ》きでござい」と呼びながらやってくる者がいました。客の注文があると、突出し器にところてんを詰め、肘に藍染の皿を置いて、突出し器の口を上に向けて構えると「やっ」というかけ声とともに、ところてんは空中に突き出され、それを肘に置いた皿の上で受けるという技を見せました。

見事な手際に観客たちはヤンヤの喝采。

この曲芸ところてん売りですが、頭に皿をのせてところてんを受けるというバージョンもあり、夏祭りの出店では大繁盛でした。

**風鈴売り**　荷箱に筵《むしろ》の日除け屋根を覆い、箱の周りにいろいろな風鈴を美しく吊り、静かに歩むのが風鈴売り。風鈴は風に誘われて、涼しげな音を出すので、売り声はありませんでした。

ところてんの曲突き

**枇杷葉湯売り**　枇杷《びわ》葉湯《ようとう》とは、枇杷の葉に肉桂《にっけい》・甘草《かんぞう》・甘茶などを細く切って混ぜ合わせて煎じたもので、暑気あたりや下痢を防ぐ効能があります。

京都烏丸《からすま》に本家があり、江戸では馬喰《ばくろ》町山口屋がこれを扱い、はじめは宣伝のために無料で振る舞ったといいます。

上方では、市中を巡り売ったのですが、江戸では人通りの多い橋の上に担い箱を置いて、その場で売りました。


**定斎屋**　定斎《じょうさい》（是斎《ぜさい》）屋は夏の薬売り。天秤棒に一対の薬箱を提げて、薬箱の環《かん》をカチカチ、カタカタと鳴らしながら「エ、定斎やでござい」といって売り歩きました。

売っている薬は「和中散《わちゅうさん》」など暑気払いの薬で、季節の変わり目にひく風邪に効能があります。

江戸市中の定斎屋は炎天下でも笠をかぶらず、

枇杷葉湯売り

日陰を歩きませんでした。薬の効能を示すためだとか。ご苦労なことです。

大坂市中を売り歩くのは、住吉神社の北にあった天下茶《てんがちゃ》屋《や》の薬屋の雇い人たちでした。彼らは揃いの柄の袢纏を着ていました。

『守貞謾稿』の絵を見ると、こちらは菅笠に団扇を持っています。天下茶屋は太閤秀吉が休息した茶屋があったことが地名の由来ですが、江戸時代には商売上手の津田是斎の薬屋が繁昌し、天下茶屋といえば薬屋というイメージだったようです。『摂津名所図会』の天下茶屋のページには、見開きで薬屋の店舗が紹介されています。

**定斎屋**

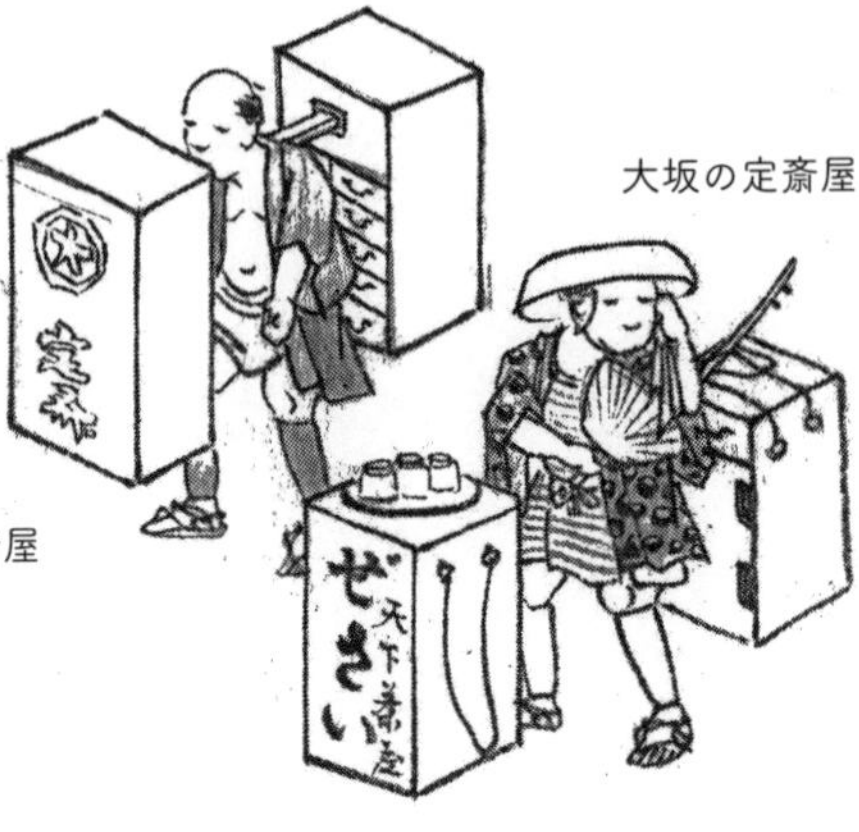


大坂の定斎屋

江戸の定斎屋

# 小暑【しょうしょ】　梅雨明けが近づき温かな風が吹くころ

江戸　六月節（五月後半――六月前半）
現在　七月七日ごろ

間もなく梅雨が明けて、本格的な厳しい暑さがやってきます。暑さを少しでもしのぐため、江戸城では次のような行事が催されていました。

**氷室の節句**　六月一日は加賀《かが》前田家から将軍家へ氷の献上がありました。本郷の加賀藩江戸屋敷の中に、国元から運んできた氷を保管する氷室《ひむろ》があり、その氷を江戸城へ運びました。大奥ではこの氷を女中たちに分け与えました。氷とはいっても、実際は雪の塊で、土や藁《わら》などがまざっていて、あまりきれいなものではなかったようです。御台所は手をつけなかったといいます。

また、幕府奥医師の桂川《かつらがわ》甫周《ほしゅう》は氷室の節句には早めに登城し、氷を賜って家に持ち帰り、家族みながその氷を楽しみに待っていたという話が残っています。

この日は賜氷《しひょう》節ともいわれ、宮中で臣下に氷室の氷を賜ったという古くからの宮中行事にならったものです。
氷など手の届かない庶民たちは、前年の雪水でつくった折餅《へぎもち》や寒中にさらして凍らせた氷餅などを食べてこれにならいました。

**富士参り**　六月一日は富士山の山開きの日でもあります。江戸時代の中ごろから富士山信仰が広まり、「富士講」がさかんになりました。講とは、遠い土地の神社仏閣に代表者を派遣して護符《ごふ》などをもらってきてもらう信仰者の集まり。講の参加者で旅費を積み立て、くじ引きなどで代参するものを決めて送り出しました。
富士講は、文化・文政期（一八〇四―三〇）には「富士の八百八講《はっぴゃくやこう》」と呼ばれるほど江戸市民の間で爆発的な流行をみせました。

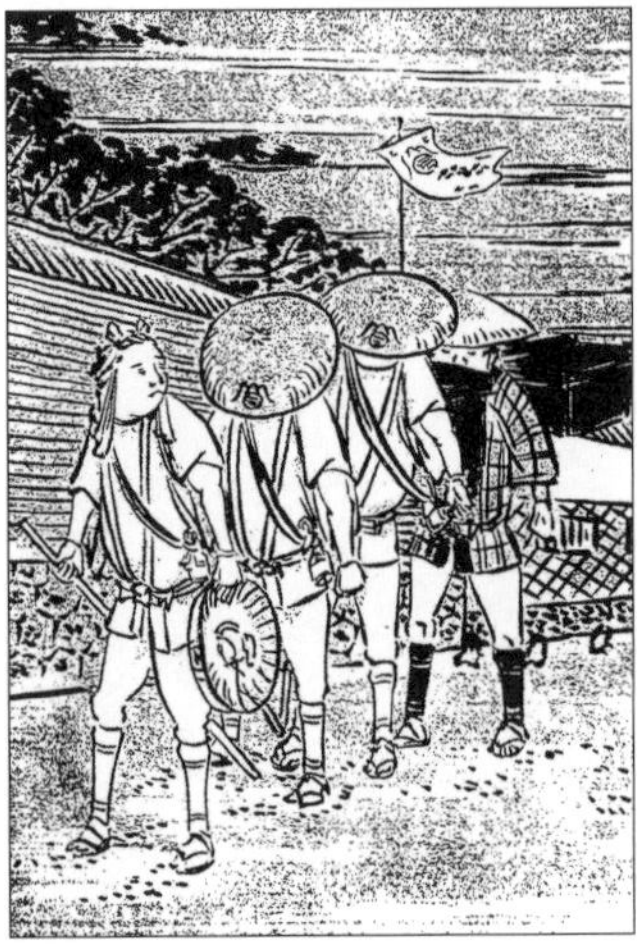
白装束で富士に向かう。

富士講による登拝は、山開きの日から七月二十六日までと決まっていました。彼らは白木綿の行衣《ぎょうい》に手甲脚絆《てっこうきゃはん》、白鉢巻きに、数珠《じゅず》をたすきがけにして、鈴を振り、「六《ろっ》根清浄《こんしょうじょう》」と唱えながら富士山頂を目指し厳しい道のりを進みました。

多くの人が山開きの期間に富士山に向かったので、富士講の白装束姿は江戸の夏の風物詩のようになっていました。

**江戸市中の富士参り**　富士山へ行くことの出来ない者は、江戸市中の寺社にある富士山に模して築いた「富士塚」へ向かいました。ここでも山開きの祝いをし、塚に登って富士山登山の代わりとしました。富士山のミニチュア版に登って同じような御利益を得ようというわけです。

富士塚は現在でも駒込の富士神社、鉄砲洲《てっぽうず》稲荷神社、品川神社など多くの寺社に残っています。塚には、富士山参りの人々が持ち帰ってきた溶岩石を積んで築いたものと、昔からあった古墳や丘を利用した二系統があります。

**麦わら蛇**　駒込富士をはじめ、富士参りの日には各社で杉の枝あるいは笹に麦わら

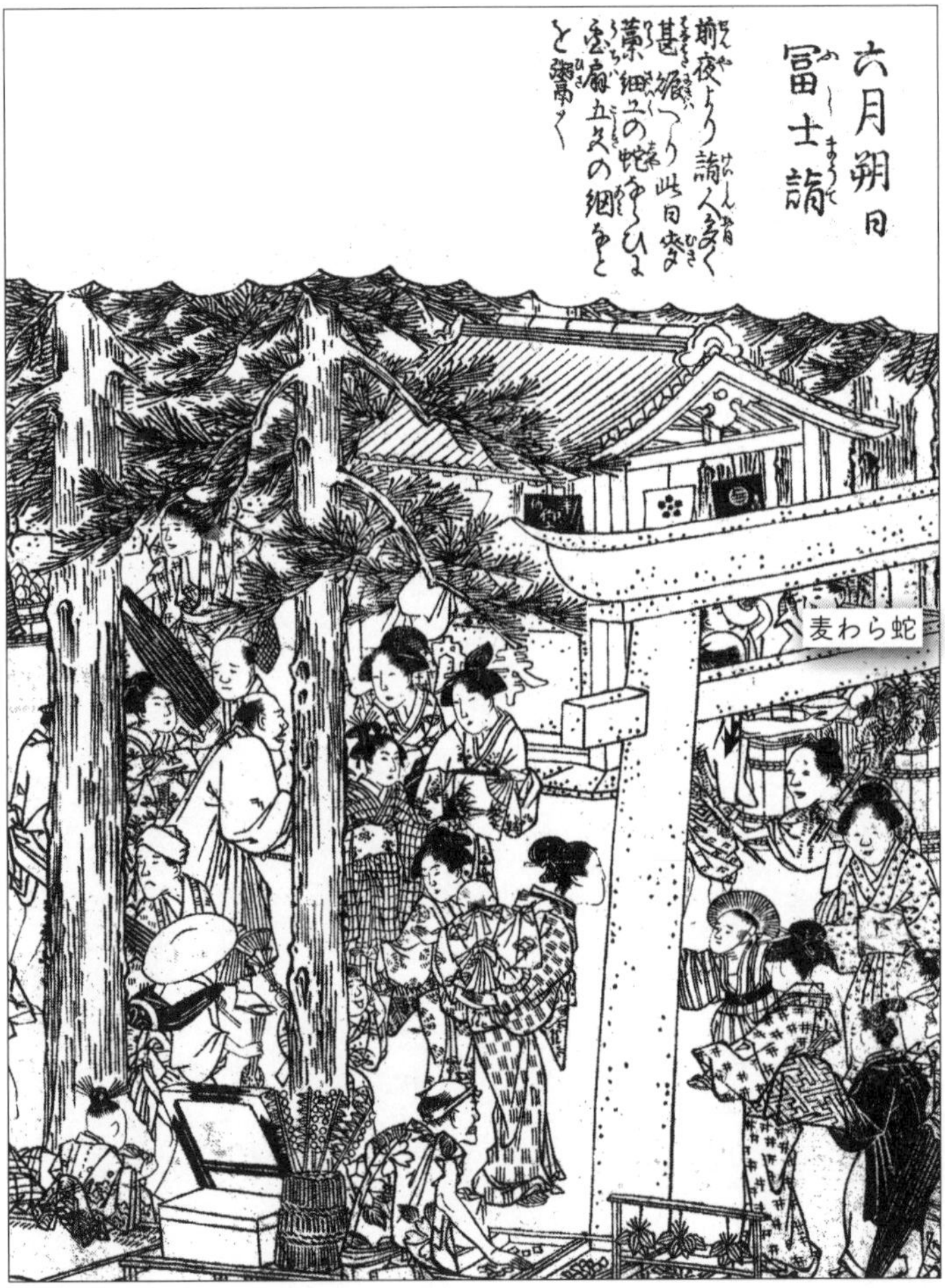
六月朔日
冨士詣《ふじまうで》
前夜より
麦わら蛇

## 6月1日の富士詣

駒込の富士浅間社は、社殿が高台にあり、お参り自体が富士登山になぞらえられた。前夜からたくさんの参詣人が訪れ、参道には参詣客目当ての茶店や菓子や果物売りが並んだ。

細工の蛇を飾ったものが売られていました。

これを井戸の近くに飾っておくと疫病封じ、火伏せになるとされ、富士参りの人気の土産になっていました。

## ブランド野菜のはなし

駒込は一富士二鷹《たか》三茄子《なすび》

という有名な川柳がありますが、初夢に見ると縁起のよいとされるもの三つが駒込にあるということで、富士はさきの「富士参り」に出てきた富士浅間神社、鷹は「鷹《たか》匠《じょう》屋敷」そして茄子は駒込の名産でした。

江戸時代には、「駒込茄子」をはじめ「練馬大根」「谷中生姜」など、地名と種名を組み合わせて野菜のブランド化という現象が起こりました。駒込の茄子は、巾着《きんちゃく》茄子と呼ばれるぷっくりとした形が特徴でした。

もうひとつ、夏の野菜が茗荷《みょうが》です。これも有名だったのが「早稲田茗荷」で、今で

**麦わら蛇**

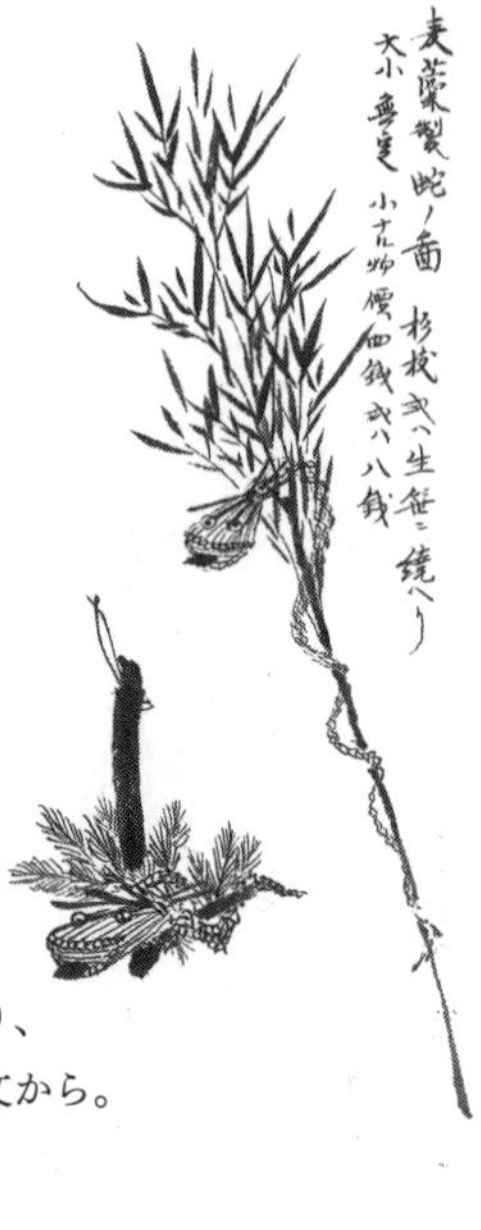


麦わら蛇には大小があり、
値段は小さいもので4文から。

は考えられませんが、早稲田のあたり一帯が茗荷畑でした。

　早稲田の畑槃特《はんどく》が墓のよう

茗荷は食べると物忘れをするという俗説があります。これは釈迦の弟子の槃特が、自分の名前さえ忘れてしまうほどの愚鈍で、彼の墓所には茗荷が植えられたためです。

**手習い初め**　子どもが六歳になった年に、六月六日に寺子屋に入門するという風習がありました。西洋では６６６は悪魔の印ですが、江戸では万端の障りなしということで（六が無に通じるということ）、師弟の縁をこの日に結ぶのが良いとされていました。

六月六日以外にも、事を始めるのに良いという新年二日や初午《はつうま》の日またはその翌日が寺子屋入門の日という説もあります。現在のように四月にいっせいに入学ではなく、師匠の考えや家庭の事情、地方の慣習などで、それぞれだったのでしょう。

入学金は、銭百文から銀一朱が相場で、束脩《そくしゅう》と呼ばれました。また、手習い机をは

『江戸切絵図』の駒込周辺。鷹匠屋敷と富士浅間のまわりには畑が広がる。

じめ、文房具など、寺子屋で使う物は手習い子（生徒のこと）が持参しました。
寺子屋では、暮らしてゆくための「読み・書き・そろばん」を主に教えました。

**寺子屋のはなし**　江戸時代の子どもたちが通う塾を「寺子屋」といいますが、江戸時代の文献で「寺子屋」と書かれているのはまれで、「手習所」や「手跡《しゅせき》指南」という言葉が使われていることが多いのです。しかし、農漁村では寺を教場としたところも多く、生徒を寺子《てらこ》と呼んだりしたことから、一般に寺子屋という呼び方が広まったと思われます。
寺子屋は元禄ごろから開くものが増え

師匠に手習い始めの挨拶をする母子。

て、享保期（一七一六―三六）の江戸では八百軒もの寺子屋がありました。明治初年には千百二十八軒もあったので、江戸時代を通じて庶民の学習熱は衰えることがありませんでした。師匠となる人は、僧侶をはじめ武士・浪人・医者・村役人などで、女性の師匠もいました。

この寺子屋教育のおかげで、当時の日本人の識字率は高く、独特の出版文化が花開きました。

さて、話が季節の暮らしから脱線しました。夏の行事に話を戻しましょう。小暑になると、夏祭りの季節がやってきます。暑いときにさらに熱くなるのが、江戸っ子らしいですね。

**天王祭**　神田明神の御祭神は平将門《たいらのまさかど》ですが、ほかに地主神として天王《てんのう》社が祀《まつ》られています。この祭りが六月の五日から十四日まで続きます。神田三天王社といわれ、祇園の神と呼ばれる三人の神様、牛頭《ごず》天王こと素戔嗚尊《すさのおのみこと》、八王子宮（素戔嗚尊の五男三女）、奇稲田姫《くしいなだひめ》の三神が祀られています。

各社それぞれが三つの町持ち（産子《うぶこ》）となっていて、まず五日に天王社二宮である八王子宮の神輿《みこし》行列が神田明神から大伝馬町二丁目の御旅所《おたびしょ》へと向かい、八日に戻ってきます。行列は、幟《のぼり》十本・太鼓・榊《さかき》・祭鉾《まつりぼこ》・四神鉾・太鼓・獅子頭二頭・幣・小太鼓・神輿・神几・社務二名の騎馬となっていました。次に天王社一宮である素戔嗚尊の神輿が、七日に南伝馬《みなみでんま》町の御旅所に向かい、十四日に戻ってきます。天王社三宮である奇稲田姫の神輿は、十日に出て小舟《こぶね》町の御旅所から十二日に戻ってきます。

いずれの町も問屋・大店《おおだな》などが並ぶ財力のある商人の町で、家々は冷そうめんで客をもてなし、軒には竹や扇をつけた笹を立てて、夜には提灯を掲げました。町の木戸にも大幟・大行灯・飾り物などをつけて、通りにはお神酒《みき》所をしつらえ、供物をささげました。参詣の人々がまるで湧いてくるかのようで、町は大混雑しました。

神輿の担ぎ手は町人たちで、浮世絵などを見ると、荒々しい熱狂の祭りの雰囲気が伝わってきます。

江戸の天王祭はこのほかに浅草御蔵前・千住・品川・四谷などの天王社でも同じころに開催され、なかでも品川は「みこし洗い」といって神輿を海に担ぎ入れて練り歩きました。なので、河童《かっぱ》天王と呼ばれました。江戸では天王祭ですが、祇園会《ぎおんえ》とも呼

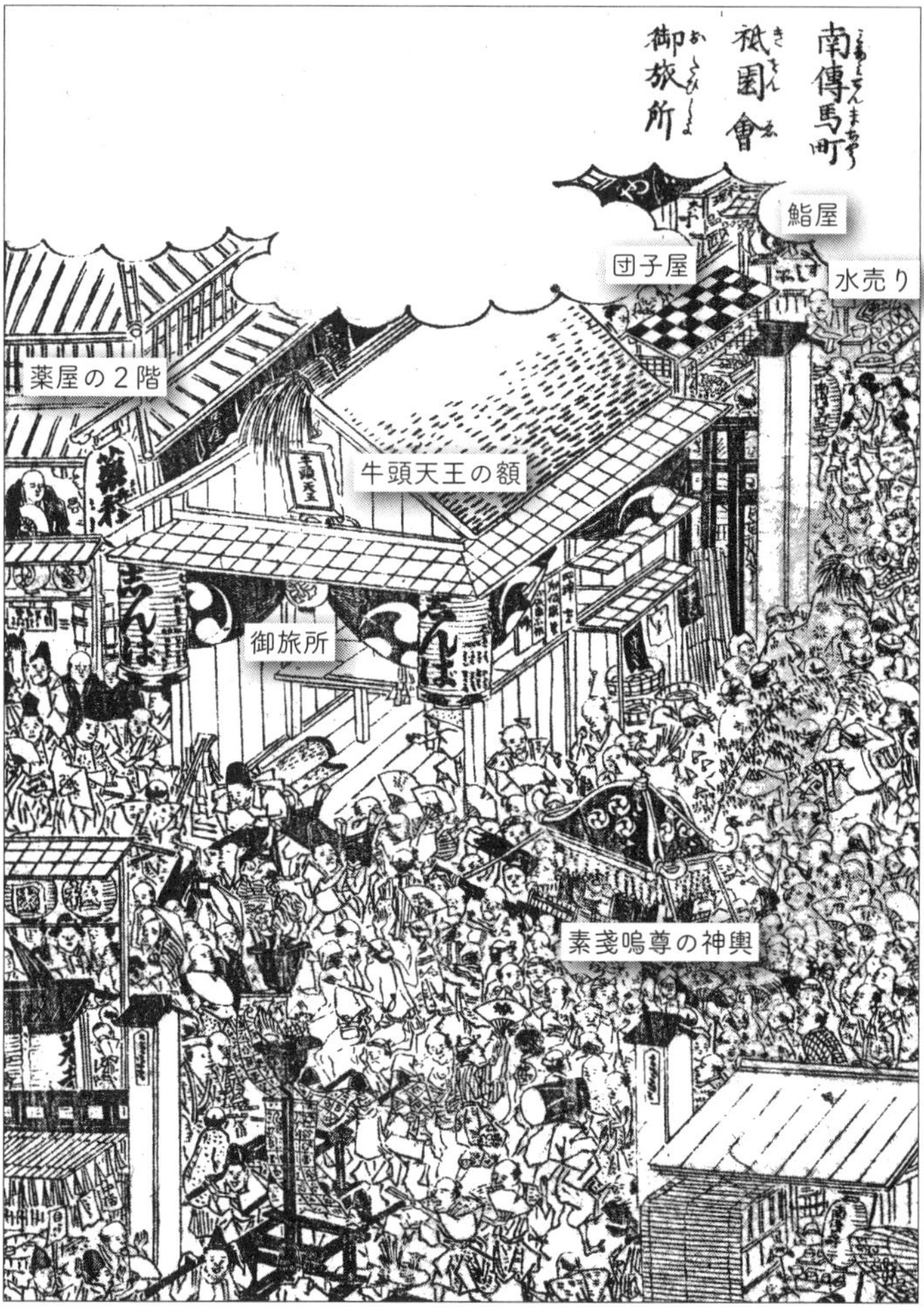


**南伝馬町の御旅所**

天王社一宮の神輿が御旅所に遷座してきたところ。
周辺は押すな押すなの大混雑。

ばれる祭りです。

京都の八坂神社の祭神も牛頭天王で、現在の祇園祭は同様の祭りです。

**団子天王**　浅草天王町の牛頭天王の異称です。ここの神輿が御旅所にある間、神輿が埋まるほどの笹団子のお供えがされました。この笹団子は白・赤・黄色の餅を笹の葉に花のように練りつけたものです。これを病ある者が煎じて飲むと病に勝てるということで、氏子以外の人々もこの笹団子の下され物をもらおうと集まりました。

天王祭が終わると、次は「天下祭」と称される山王《さんのう》祭がはじまります。

**山王祭**　山王祭は、徳川家代々の産土神《うぶすながみ》とされる日吉山王権現（現在の港区赤坂にある日枝神社）の大祭で、子《ね》・虎・辰《たつ》・午《うま》・申《さる》・戌《いぬ》の隔年ごと神田祭と交代で開催されました。祭の神輿や山車《だし》が江戸城内に入り、将軍の上覧に供したことから、山王祭と神田祭はともに「天下祭」として盛大を極めました。

祭の巡行は十五日の未明にまず大榊を先頭として、各町内の山車や練物《ねりもの》、次に神輿三基というものでした。山車の一番目は大伝馬町の諫鼓鶏《かんこどり》、二番目は南伝馬町の幣猿、といったように氏子の町から四十五番まで続きました。この四十五の山車の内容はほぼ毎回同じでしたが、さらに「付祭《つけまつり》」といって踊り屋台や趣向を凝らしたものがありました。なかでも、見物人の目をひいたのは、麹町が出した朝鮮人の仮装行列と巨大な白い象の作りものでした。

これだけの数の山車や練物ですので、最後のほうの山車が江戸城を出るころは、すでに夜になっていました。神輿の行列には諸大名の供奉《ぐぶ》が加わって長い行列となりました。

祭りの通る道筋の往来は禁止され、家の二階から見物することは許されませんでした。また、通り筋にある武家屋敷では屋敷の前に多くの足軽を警備として立たせました。この日、武家は一切門外へ出てはいけなかったのですが、町人風の恰好をして町家の家を借りて見物したそうです。

其二
寛文上梓
江戸名所記
2階からの見物禁止
人の足が出ている
桟敷

**山王祭**

麹町の朝鮮人来朝の練物は、大きな象の造りものが出ることで有名だった。この出し物は毎回出るわけではなく、付祭の番に当たった年に出した。

**夏の土用**　立秋の前十八日間が夏の土用で、「暑中」になります。二十四節気では、ちょうど小暑の終わりごろに土用の期間がはじまります。

この土用のあいだに、いろいろな行事や風習がありました。今でも有名なのが、「土用丑《うし》の日の鰻《うなぎ》」です。土用の丑の日に鰻を食べると夏バテしないといわれ、平賀源内《ひらがげんない》が書いた引札《ひきふだ》（広告ビラ）がはじまりとされています。

土用丑のろのろされぬかば焼き屋

という川柳のように、鰻屋は土用丑の日は客が殺到して多忙を極めました。

いっぽうで柳橋の芸者が川開きの日にお休みなのと同じように、神田明神下の神田川や鉄砲洲の大黒屋などの有名店はわざと休店したといいます。江戸っ子の粋か、ただのへそ曲がりなのか……。

店頭で鰻をさばき焼いている。

**ほうろく加持**　同じく土用丑の日に、高田本末寺では「ほうろく加持」が催されました。ほうろく（素焼きの平たい土鍋。ゴマを炒ったりするのに使う）を頭にのせて、お灸をすると、逆上《のぼ》せや頭痛に験《しるし》があるとされました。
また、この暑中には逆上せや眩暈《めまい》の病がある者が王子不動の滝に打たれると病が癒えるというわけで、未明から滝に人々が集まったといいます。

**虫干し**　「土用干し」ともいって、夏の土用のころにかびや虫喰いを防ぐために、書画、衣類などの陰干しをおこないました。大塚の護国寺でも、大きな涅槃《ねはん》像の軸や仏像、徳川家ゆかりの方々の遺物などを虫干しし、普段お目にかかれない寺の宝物を拝むことができたそうです。

**暑中見舞い**　土用の期間は「暑中」ですから暑中見舞いとして手紙や進物などのやりとりがされました。江戸市中では、この使いで往来が絶えませんでした。進物には酒・団扇・葛《くず》・氷砂糖・氷かけ菓子（氷砂糖の蜜をかけたもの）・桃や瓜《うり》など季節のものが多かったようです。

盛夏路上の圖
行路夏衣
貞徳
果物屋
虫売り
富士講帰り
利根川の鯉料理
ところてん売り
水撒き人足

**盛夏の江戸の町の様子**

商店ののれんを下ろすところなので、夕方の情景と思われる。果物屋にところてん売り、冷水売りなど夏らしい物売りの姿が見える。わいわい天王は、猿田彦の面をかぶり、牛頭天王の小札を撒いて銭を乞うた物乞いの一種。

# 大暑【たいしょ】 快晴がつづき気温が上がりつづける

| | |
|---|---|
| 江戸 | 六月中（六月の内） |
| 現在 | 七月二十三日ごろ |

「大暑」という文字を見ただけで暑そうです。

新暦では七月二十二、三日ごろからの十五日間ですから本当に暑い盛りです。

江戸城の見附御門では、一日に何度も俗に「臥煙《がえん》」と呼ばれる奴《やっこ》たちが手際鮮やかに水撒きをしました。現在とちがって道路が舗装されていないので、乾燥すればすぐに砂埃《すなぼこり》が立ちます。炎暑しのぎと埃よけで、この時季はどこの町でも水撒きをする様子がみられました。

夏の夜の町の様子を見てみましょう。

通りの両側の商店は、日暮れになるともう店じまいで、板戸を下ろしはじめます。どの家も涼み台を通りに出して、家の主人をはじめ家族そろって納涼しました。行水をすませて洗いざらしの浴衣をはおり、ちょっと一杯傾けたりして、煙草、団扇を手にゆるゆると暑気払いをしました。

日が暮れると、この納涼の人々を目当てに物売りなどがやってきました。

**按摩**　日暮れすぐにあちこちから湧いてくるように聞こえるのは「按摩《あんま》ァはり」の声です。盲人が多く商う職業ですが、路上を巡って客の求めに応じるのを「振り按摩」といったようです。行商人を振り売りというのと同じですね。振り按摩は小笛を吹きながら巡るのが常ですが、江戸ではかけ声だけで呼び巡る按摩もいたそうです。

**枝豆売り**　「豆やァ、枝豆ェ。豆やァえだまめェ」の枝豆売りは貧しい裏店暮らしの女性のアルバイトでした。

日暮れになると子どもを背負った哀れな姿でゆでた枝豆を入れた小ざるを抱えてやってきました。

**枝豆売り**

**麦湯屋**　江戸時代は屋台店がたくさんありました。夏の夕に街頭に多く出るのが麦湯《むぎゆ》屋です。大通りに一、二軒は出ていたようです。

麦湯は麦茶のことで、麦湯のほかに葛湯や桜湯を飲ませましたが、菓子などは置いていませんでした。

店番は涼しげな浴衣に帯をしどけなく結び、紅色の襷《たすき》をかけたちょっと愛嬌のある看板娘を置いていました。お茶なので値段も安く、オジサンたちのちょっとした憩いの場というわけで、客足は絶えなかったといいます。

麦湯屋

**かりん糖売り**　「本家山口やかりん糖。深川ァ名物ゥ、山口屋かりん糖」という売り声は、かりん糖売り。天保期（一八三一—四四）に江戸深川の山口屋吉兵衛が「花りんとう」の名で売り出して一気に評判を呼びました。売り子はやたらと大きな提灯を担いで、なぜか夜にやって来たそうです。最盛期には二百人もの売り子が江戸市中をまわっていたそうです。

江戸城では、真夏にお菓子を配るという行事がありました。

**嘉祥**　嘉祥《かじょう》は六月十六日に疫病を祓《はら》うために十六個の餅や菓子を神に供えて、それを食べる行事です。

江戸城では総登城した大名・旗本に将軍から嘉祥のご祝儀として饅頭《まんじゅう》が下されました。

饅頭を薄い袂《たもと》へ御拝領

大奥は八つ時（午後二時ごろ）に将軍の御成りがあり、お目見え以上の女中らが餅など六種類の菓子を頂戴しました。御台所から賜るのですが、年若い女中が静々と押し頂いているところへ坊主がさっと飛び来て菓子を掠め取ってしまい、女中は将軍様の前なので騒ぐこともできず顔を赤らめてうろたえて、右往左往……。この坊主の悪戯《いたずら》は将軍の指示によるもので、毎年の余興のようになっていたそうです。

町家でもこの日は餅を作りましたが、貧しい家では銭十六文で餅を買って食べました。

**愛宕権現の千日参り**　毎月二十四日は芝愛宕《あたご》権現の縁日ですが、特に六月の二十四日は千日参りで、この日にお参りすると四万六千日参詣したのと同じ御利益を得られるとされていました。俗に四万六千日《ろくせんにち》と呼ばれて、朝から晩まで身分の貴賤を問わず境内は大混雑でした。

境内では、青ほおずきが売られており、このほおずきを食べると癪《しゃく》症や子どもの疳《かん》の虫がおさまるとされていました。現在は、浅草寺のほおずき市が有名ですが、

女中が押し頂いている後ろから坊主が菓子を取っている。

その発祥は愛宕神社とされています。

愛宕権現は高台にあり、遠くは房総の山々が海上に浮かび、近くは芝浦の風景がありありと、まるで沖に行く船に呼びかければ答えるかのように見えたということです。また、境内には杉や松が森々《しんしん》として、暑さしのぎの場所になっていました。

**大山詣**　富士山と並んで江戸庶民の信仰を集めたのが相州大山《おおやま》（神奈川県伊勢原市）でした。大山は別名雨降山ともいわれ、近隣の農民のほかに、火伏せのご利益を期待して、鳶《とび》や火消しらの信仰を集めました。

宝暦（一七五一―六四）のころから大山詣（大山参り、石尊《せきそん》参りとも）が盛んになり、関東各地で講が組織されました。参詣は夏におこなわれ、六月二十八日の山開きの日は初山と称し、とくに参詣者が集まりました。また、七月十四日から十七日までを盆山と称しましたが、江戸時代の決算期が盆と暮れだったため、借金取りを避けるために大山にやってくる人も多く、まるで盛り場のようだったといいます。

帰りは江の島や鎌倉をまわって帰ってくるので、江戸っ子にとっては信仰とレジャーを兼ねた小旅行でした。

大山の臍《へそ》のあたりに不動尊

大山の頂上にあるのが阿夫利《あぶり》神社で、中腹にあるのが石尊不動堂。健脚の人は頂上まで行って木太刀《きだち》を奉納しましたが、観光気分の場合は中腹の石尊まで。

**大山詣**

良弁《ろうべん》の滝は大山の山麓にある垢離場《こりば》のひとつ。参詣者は、大願成就と墨書、あるいは刻まれた木太刀とともに滝に打たれて身を清めた。

木太刀は神社に奉納し、前に奉納した木太刀を持ち帰って、参拝ができなかった者たちにまたがせて除災招福を願った。

**夏越の祓**　夏越《なごし》の祓《はらえ》とは、六月の晦日《みそか》に神社でおこなわれる行事で、江戸の町では真崎稲荷《まさきいなり》神社（荒川区南千住三丁目）が有名でした。茅《ち》の輪《わ》が社前に置かれ、参詣人がその中を潜り抜けると、これによって疫病を免れると信じられていました。また、形代《かたしろ》という紙を着物の形に切って、その紙で自分の体を撫でて、これを川に流して穢《けが》れを祓うということをしました。

**不忍池の蓮見**　東都（京都に対して江戸のこと）いちばんの蓮の名所が不忍池《しのばずのいけ》です。蓮の花の開花は小暑から数えて二十日目ごろでした。不忍池は上野・東叡《とうえい》山のふもとにあり、池の小島には弁財天が祀られていました。花の盛りになると花が開く瞬間を見ようと早朝から見物客がやってきました。香りも芳しく、また紅白の蓮花が朝日に映える光景は比類なき美しさといわれていました。

不忍池のまわりには、料理屋が多く軒を連ね、名物の「荷葉飯《はすのはめし》」を商っていました。これは、新しい蓮の葉に米を包んで蒸したものですが、蓮の若芽を細かく刻んで混ぜたものや、蓮の葉を煎じた汁で炊いたものなど、さまざまなバリエーションがあったようです。

不忍池《しのばずのいけ》
蓮見《はちすみ》
生け花も蓮
荷葉飯
亀

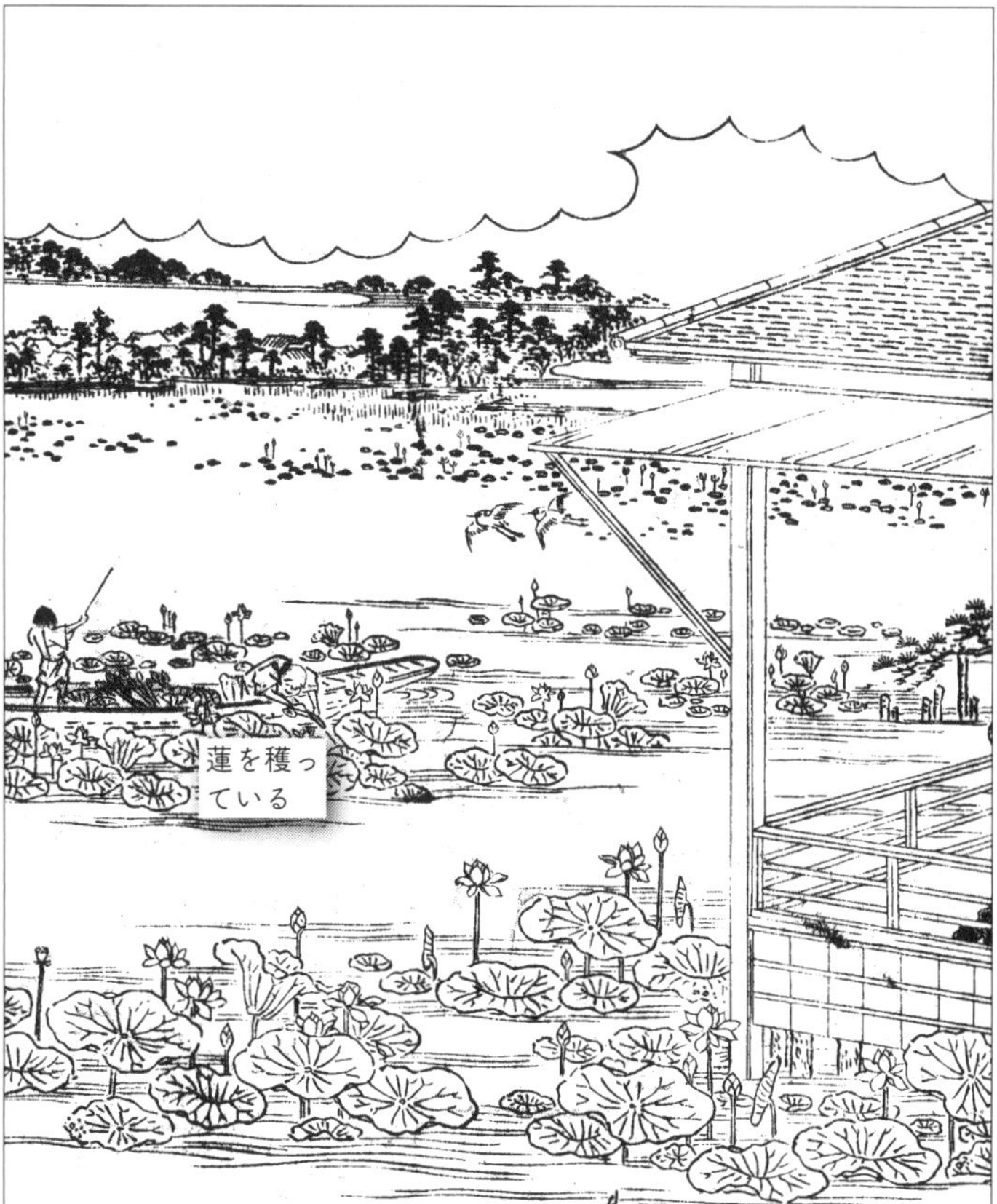


**不忍池の蓮**

池一面、見渡す限りの蓮である。日の出のころは花の香りがことさら芳しかった。不忍池は現在も蓮の名所である。

# 第三章 秋

7月 立秋 処暑

8月 白露 秋分

9月 寒露 霜降

# 立秋【りっしゅう】 はじめて秋の気配があらわれてくるころ

江戸　七月節（六月後半—七月前半）
現在　八月七日ごろ

立秋の日は新暦八月七日ごろですから暑い盛りです。秋とはいっても名ばかりで厳しい残暑がまだまだ続きます。ですが、暑さの中にもどこかしら秋の気配を感じるようになってくる日なのです。

さて、七月の行事と言えば七夕《たなばた》です。

新暦の現在も江戸時代と同じく七夕は七月七日です。私たちにとっては初夏の行事ですが、江戸の人々にとっては初秋の行事です。現在の七夕は梅雨の時期にあたるので東京では十年に一、二回くらいしか天の川を見ることができません。江戸時代の七月七日を新暦に直すと八月半ばあたりなので晴天が多く、天の川もよく見えたはずです。旧暦の七夕の日を調べて夜空を仰いでみるのもいいかもしれません。

では、七夕の町の様子を見てみましょう。

七夕の笹竹を屋上の物干し場や物見台に高く競うように立てた。

**七夕**　七夕が近づくと往来には短冊を吊るすための竹売りがやってきました。売り声は「竹や竹」でした。七夕は牽牛星《けんぎゅうせい》（彦星）と織女星《おりひめぼし》が一年に一度だけ天の川で逢うという古代中国の故事をもとに、女性の裁縫の上達を祈る行事「乞功奠《きっこうでん》」と、日本の神を待つ「たなばたつめ」の信仰が合わさったものとされています。奈良時代からはじまったとされますが、民間で広くおこなわれるようになったのは江戸時代です。

竹には歌や願い事などを書いた五色の短冊をつけて屋根よりも高く立てました。天保ごろには人目をひくような細工物を多くつけるようになり、ほおずきを数珠《じゅず》のように連ねたものや、紙でつくった硯《すずり》・筆・スイカ・鼓・太鼓・算盤《そろばん》・大福帳などを吊り下げました。この短冊竹は七夕の前日、六日の未明から各戸立てました。

愛宕《あたご》山などの高い場所から江戸市中を見渡すと、華やかな短冊竹が連なる様は壮観で、天下泰平の繁栄を感じたといいます。これらの短冊竹は七夕の夕には取り払われ

**七夕の準備**

て、川や海へと流されました。

また、七夕の日は邪気《じゃき》を払うためにそうめんを食べる習慣がありました。これは宮中でお供えされた「索餅《さくべえ》」という細くねじって揚げた小麦粉菓子がルーツでは、といわれています。

**朝顔のはなし**　朝顔は別称を「牽牛花《けんぎゅうか》」といいます。漢方薬「牽牛」として朝顔の種が珍重されたことと、花が七夕のころに美しく咲くことからこの別称がついたとされています。朝顔売りは五月末から七月いっぱいまでやってきました。

江戸時代はマニアックな趣味が発展し、珍種の朝顔を作り出すことがブームになりました。「変化《へんげ》朝顔」と呼ばれ、とても朝顔とは思えない

奇妙な形の花や葉の朝顔を集めた『朝顔三十六花撰』。

形のものなどが栽培され、書籍も発行されました。

## 鯖の献上

竹売りをよけよけ鯖《さば》の御使者行き

七夕の前日、六日に御三家をはじめとした諸大名から七夕のお祝いとして、鯖の生魚を将軍家に献上する習わしがありました。ただし、まだ残暑の残る時期の生魚ではどうも具合がわるかったのか、後には鯖代として金銀を献上したといいます。

七夕は五節句のひとつで式日《しきじつ》ですから、当日は大名・旗本などは白帷子《しろかたびら》の正装で江戸城に登城しました。

**井戸浚い**　江戸の市中では、七夕の日にもうひとつやるべき仕事がありました。武家屋敷から裏長屋まで、いっせいにおこなう井戸浚《さら》いです。長屋では子どもからおかみさんまで総出です。井戸の水をみなで汲《く》みだすと、井戸職人が中へ入って井戸の壁を洗って、底に落ちている物などを拾い出しました。井戸浚いが終わると、井戸にお神酒《みき》と塩を供えました。

七夕の日は、水浴など水に関する習俗が古くから見られるので、井戸浚いもこの日におこなうようになったと考えられますが、江戸市中の井戸は水道でつながっているので、みな同時にやらなければ意味がなかったのでこの日を決めていっせいにおこなったと考えられます。

**水道のはなし**　江戸の町が大きく発展した要因のひとつに、水道の存在があります。

水道井戸には神田上水と玉川上水の水が供給されました。神田上水は井の頭池を主水源に、京橋から北、日本橋・神田あたりの町に供給されました。玉川上水は多摩川の水を取水して、四谷大木戸を通って、江戸城や大名屋敷、京橋より南の町に供給されました。神田上水の水は、御茶の水掛樋《かけい》で神田川の上を渡って市中に供給されてい

江戸市中は七夕に長屋総出で井戸浚い。

ました。

「水道の水で産湯を使い」というのが江戸っ子の自慢でしたが、掘り抜き井戸とは違って川の水を直接引き込んでいますから、水質はいまひとつでした。

一一五ページの冷水売りは往来の客目当てのものですが、これとは別に家々に水を配る水売りがいました。彼らは川の上流や泉などで飲料用の水を桶に汲んできて天秤棒でかついで得意先へ売り歩きました。

洗濯や行水、野菜を洗うなどには水道井戸の水を、飲用には水売りから買った水を使うなど、都会人の江戸っ子は用途に合わせて水も使い分けていました。

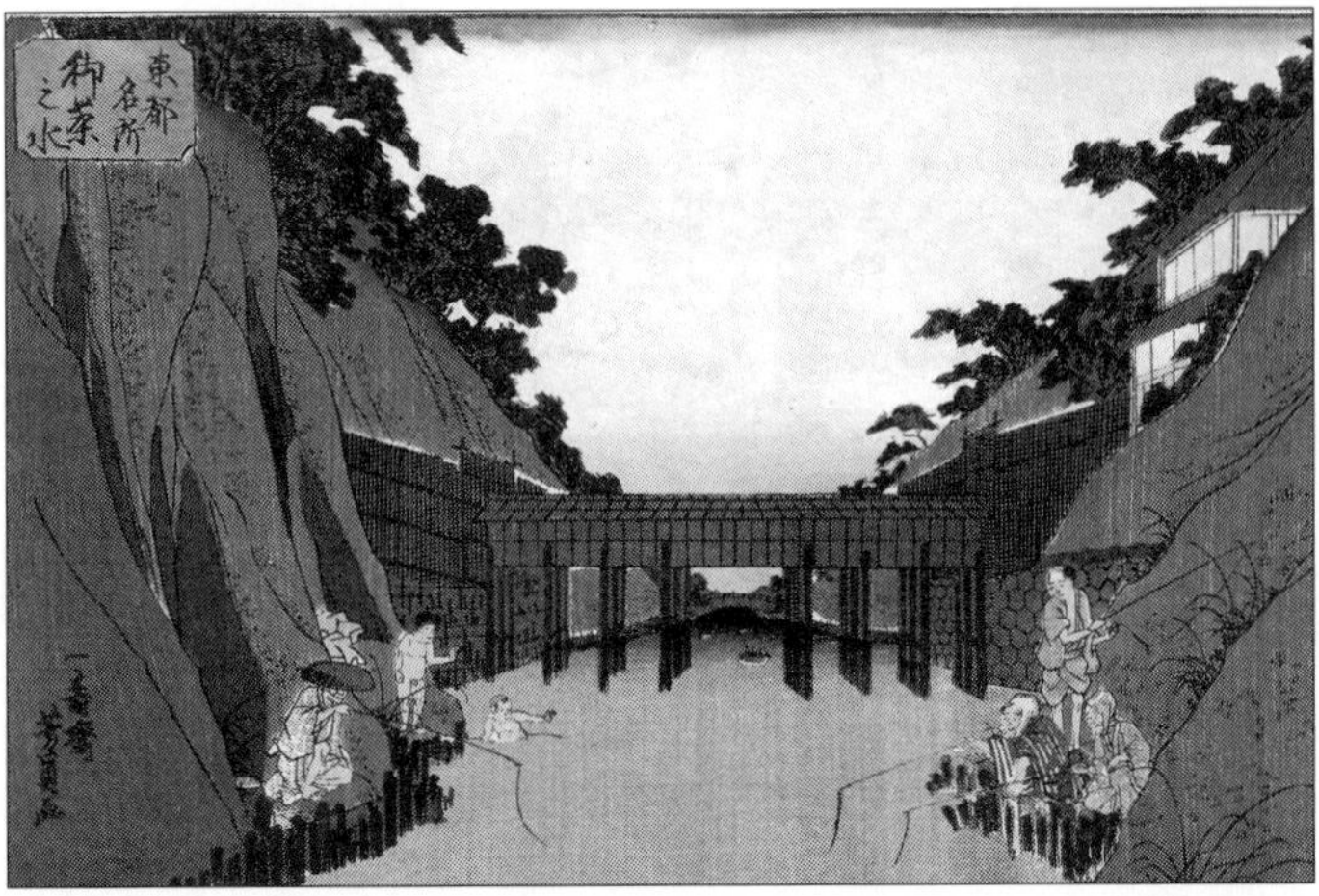


神田川の上を渡る上水の掛樋。神田山を深く削ってできた両岸の景観は、中国の景勝にちなんで「小赤壁《しょうせきへき》」と呼ばれた。

七月中にお寺で開かれる法会《ほうえ》に「施餓鬼《せがき》」がありました。

**施餓鬼**　施餓鬼とは字のごとく飢餓《きが》に苦しんで災いをなす鬼や無縁の亡者の霊に飲食を施す法会です。現在は先祖の霊を供養する盂蘭盆会《うらぼんえ》（お盆）と混同されおこなわれることも多いようです。

江戸では七月一日に本所五ツ目にあった五百羅漢寺《ごひゃくらかんじ》を皮切りに、四日の千住小塚原《こづかっぱら》の回向院《えこういん》別院など、多くの寺で三十日まで施餓鬼法会がおこなわれました。

七夕が終わると、お盆（盂蘭盆、精霊《しょうりょう》祭などともいう）の準備がはじまります。お盆は七月十三日から十六日ですが、六月の終わりごろからお盆用品を売る行商人がやってきました。

**盆提灯売り**　盆提灯《ぼんちょうちん》は死者の冥福を祈るために供える灯籠のことです。大きさは二尺あまり（約七十センチ）から尺以下（三十センチ以下）までさまざまで、形も瓜《うり》形、丸形、枕形、瓢簞《ひょうたん》形などがありました。「ちょうちんやァ、盆ぢょうちん、ちょうちんや、ちょうちん」の呼び声で市中を巡ってきました。
裏長屋の貧しい家でも、盆提灯は必ず灯したといいます。
また、盆提灯の専門店もあり、店には色とりどりの絵提灯が吊るしてありました。

**かわらけ売り**　盆提灯や盆灯籠の中に火を点すのに使う油皿の一種で「ひょう燭《そく》」と呼ばれるものを売っていたと思われます。ひょう燭は中心がヘソのように盛り上がっていてそこに木綿をよったものを灯心として差し入れました。

　盆踊りかわらけ売りとすれ違い

江戸の生活雑器の産地は浅草今戸《いまど》でした。今戸では瓦や火鉢、蚊やり、素焼きの人形などが多くつくられ、隅田川の河原に並ぶ今戸焼の窯から煙が立ち上る風景が、錦絵にも多く描かれています。

　今戸人形は素焼きに絵を付けた無骨なものだったので、ごつい女性を「今戸の姉《あね》さん」などと呼ぶ悪口もありました。

盆提灯売り

ひょう燭

**苧殻売り**　十三日の迎え火に焚く苧殻《おがら》（麻の皮をはいだ茎）を「おがら、おがら、おがら」と売り歩きました。

このほかにも、精霊棚（霊を迎えるために設ける棚）に使う、間瀬垣《ませがき》や菰《まこも》、竹などを売る行商人がいました。

精霊棚

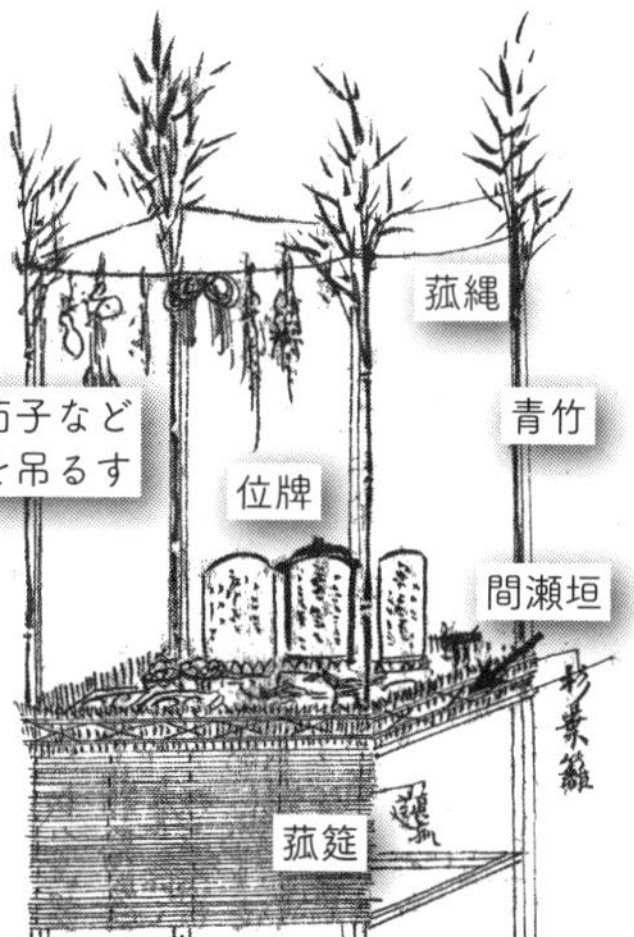


**草市**　七月十二日には、お盆用品を扱う専用のマーケット、草市（盆市とも）がいろいろなところに立ちました。先に紹介した提灯やかわらけ、苧殻、間瀬垣、菰、竹などのほかに、粟《あわ》の穂、稗《ひえ》の穂、赤茄子《なす》、白茄子、紅の花、蓮《はす》の花、茄子で作った牛馬や数珠《じゅず》や仏壇の漆器類など、お盆に使う一切合財の品々が売られました。

この草市は吉原にも立ち、遊女や禿《かむろ》（遊女見習いの子ども）らにも、この日は休暇が出ました。

草市やかむろが袖にきりぎりす

盆市
卓袋
焼米屋
花売り
団子屋
苧殻売り
菰筵

**草市（盆市）の様子**

草市は 12 日に吉原仲の町、深川櫓下、小石川伝通院前、本所四丁目、根津門前の五か所に立ち、翌日は、日本橋の南北や両国広小路など江戸市中のいろいろなところに立った。

**江戸時代の盂蘭盆**　お盆は先祖の霊や亡くなった身近な家族の霊を慰める行事です。十三日には精霊棚をしつらえ祖先の霊を祀《まつ》りました。夕には迎え火として苧殻を焚き霊魂を迎え入れました。武家屋敷では門を押し開き、麻裃《あさかみしも》を着た家人らが玄関から一間ごとに詰めて、まるで生きている貴人を迎えるかのようにしました。商家でも番頭、手代、小僧はみな店に居並んで、家族も打ち揃って戸外に苧殻を焚いて鉦《かね》を打ち鳴らし、念仏を唱えました。

十四、十五日は棚経《たなぎょう》といって僧を招いてお経をあげてもらいました。また、十五日は中元で（正月十五日を上元、十月十五日を下元）半年の無事を祝い、荷飯《はすのはめし》、刺鯖（鯖を背開きにして塩漬けにしたもので、二尾を刺し連ねて一刺とした）を食べました。

十六日の夜に苧殻を焚き、今度は送り火として霊を送り返しました。

盆中は墓参りに行く人や、路上で鉦や木魚を鳴らし念仏を唱える托鉢《たくはつ》僧、また乞食が施しものをもらいに頻繁にやってくるなど、往来は賑《にぎ》やかですが、独特の雰囲気がありました。

**ぼんぼん**　三、四歳から十歳くらいまでの子どもが盆中に手に手を連ねて歌いながら往来を歩く遊びです。歌はかならず「ぼんぼんの〜」から始まりました。

「ぼんぼんの十ゥ六日にお〜えんまァさまへまいろとしたら、数珠の緒がきれて、はァなおが切れて、なむしゃか如来《にょらい》手でおがむ」とか「ぼんぼんぼんはきょうあすばかりあしたはよーめのしおれぐさしおれたくさをやぁぐらへあげてしたからみればぼけのはなぼーけのはぁな」と子どもの遊び歌ですからどうということのない歌詞ですね。

このぼんぼんを京都では「さあのや」大坂では「おんごく」と呼んだそうです。

**藪入り**　商家などの奉公人が楽しみにしていたのが藪入《やぶい》りです。七月十六日は休暇で実家に帰ることができました。正月十六日の藪入りと同じように過ごします。現在も多くの会社で「お盆休み」という制度があり、多くの人が実家へ帰省し、墓参りなどをしますが、この藪入りの名残りと考えられます。

また、藪入りと同じ正月と七月の十六日は、閻魔《えんま》様の斎日《さいにち》で閻魔堂へ詣でました。地獄の釜の蓋が開く日とされ、亡者も責め苦を免れるといいました。奉公人の藪入りと同じ日というのが偶然なのか、それとも……。

盆中往来の圖
五元集
御伽羅の油
は鬢付け油
小間物屋
盆提灯
御伽羅之油
按摩
托鉢僧
廻り灯籠
托鉢僧
托鉢僧
托鉢僧
経木売り
親孝行でございい

**お盆の江戸の町の様子**

盆中は、盆灯籠や盆提灯の明かりが灯り、托鉢僧の姿が増え、往来はお盆独特の雰囲気が漂っていた。「親孝行でござい」は、老女の人形を背負って往来で銭を乞うというもの。

# 処暑【しょしょ】　暑さが峠を越えて後退しはじめるころ

江戸　七月中（七月の内）
現在　八月二十三日ごろ

お盆を過ぎるとだんだんと過ごしやすくなってきます。江戸の人々は、日常生活のなかで自然を愛《め》で風流を取り入れる暮らしを送っていました。秋の自然をどのように楽しんでいたかというと……。

**秋の七草**　萩・薄《すすき》・葛《くず》・撫子《なでしこ》・女郎花《おみなえし》・藤袴《ふじばかま》・桔梗《ききょう》が秋の七草です。派手さはありませんが、野に咲く可憐な花ばかりですね。

この七草すべて植わっているのが、向島百花園です。百花園は文化元年（一八〇四）に日本橋の骨董商・佐原鞠塢《さはらきくう》によって隅田川寺島村（墨田区東向島三丁目）につくられました。

そこへ大田南畝《なんぽ》や谷文晁《ぶんちょう》、加藤千蔭《ちかげ》ら当代きっての文化人がこぞって梅木を寄付し、また「百花園」という名は、姫路藩主の弟で画家の酒井抱一《ほういつ》が名づけました。園は文人墨客たちのたまり場となり、一躍、墨堤《ぼくてい》の新名所となりました。

当初は「新梅屋敷」と呼ばれて亀戸《かめいど》の梅屋敷と人気を二分しましたが、千蔭の発案で秋草が植えられ、さらに四季折々の草花が植えられて、百花園として江戸の人々に親しまれました。『江戸名所花暦』には、「園中に年中花たゆることなし」と記されています。

向島百花園は現在は東京都が管理しており、有料ですが一般に公開されています。大名庭園とは違った庶民的で文人趣味の公園として人気があります。とくに、萩を柵に沿わせてトンネル状にした「萩のトンネル」は、九月

**向島百花園**　秋の七草が咲く庭園の散策を楽しんだ。

**道灌山の虫聴き**　虫聴きの宴をする男たちの姿が見える。

には全長三十メートルにもおよぶ花のトンネルとなり、園いちばんの名物です。

そのほかの江戸の七草の名所は、江戸近郊では多摩川のほとり、中河原《なかがわら》や是政《これまさ》（東京都府中市）がよいとされ、川面に月が映るさまがひとしお情緒を感じさせ、行楽客が集まり思い思いに歌を詠んだといいます。

**虫聴き**　江戸時代の人々の風流な趣味に虫の音を愛でるというものがありました。

江戸市中で有名な虫聴きの名所は、日暮里《にっぽり》の道灌《どうかん》山でした。

道灌山は眺望のすぐれた丘陵地で、遠くは筑波山や日光山まで見えたといいます。名前の由来は室町時代の武将・太田道灌が江戸城の出城《でじろ》をこの地に構えたことです。幽趣閑雅を求めて詩人や吟行《ぎんこう》の人々がやってきて、松虫や鈴虫、キリギリスの清らかな音を珍重しました。道灌山はことに松虫の声が麗しいとされていました。

ここのほかに江戸では飛鳥《あすか》山や隅田川の東岸、王子あたりが虫聴きの名所でした。

**二十六夜待ち**　江戸っ子が好んだ行事に二十六日の夜の月を待つというものがありました。

正月と七月の二十六日の夜に月が出てくるところを拝むというもので、月の出の瞬間に光が三つに分かれ、阿弥陀仏《あみだぶつ》・観音菩薩《かんのんぼさつ》・勢至《せいし》菩薩の三尊が姿を現すといわれ、そのご利益にあずかろうと、品川・高輪《たかなわ》・洲崎《すさき》などの浜辺や湯島・九段などの高台の、月の出が見えるところにたくさんの人が集まりました。

とくに気候のよい七月の二十六夜待ちは賑やかでした。江戸っ子は夜中に上る月を待つという名目でどんちゃん騒ぎを夜中まで楽しみました。お金持ちはここぞとばかりに料亭や屋形船に芸者や幇間《ほうかん》を呼んで酒宴を催しました。いっぽう高輪などの人出

女性の格好を見るとどうも遊女のようだ。

品川宿の有名な飯売旅籠（内実は遊郭）「相模屋」こと土蔵相模か。

**品川の二十六夜待ち**

海辺の景色がよい２階の座敷での二十六夜待ちの様子。

の多いところには庶民向けにたくさん食べ物の屋台店が出たりして、その様子は浮世絵などに描かれています。

浮世絵などを見ていると、江戸っ子は月のご利益というよりもただ単にどんちゃん騒ぎがしたかっただけのように思えます。「月より団子」という感じでしょうか。

**二百十日**　立春から数えて二百十日《にひゃくとおか》、二百二十日《はつか》という雑節があります。ちょうど処暑の期間にあたるのですが、台風がきて天気が荒れやすいので、これは稲の収穫前の農家にとっては厄日です。

二百十日の前後には風を鎮めるために各地で風祭がおこなわれました。現在、富山市八尾《やつお》町で毎年九月一日から三日間おこなわれる「おわら風の盆」は、二百十日の風祭の中でもっとも有名な祭です。

**マンボウの献上**

水に浮く亀を献ずる小石川

マンボウは浮亀《うきき》といわれていました。七、八月にマンボウが獲れると水戸家から幕府へ献上されるのが毎年の嘉例となっていました。

川柳は浮く亀（マンボウ）を献上する小石川（水戸家の上屋敷があった）ということで、この嘉例について詠んだものです。

マンボウは姿かたちの珍しい魚だったので、獲れると見世物にされた記録も残っています。

『翻車考《まんぼうこう》』という本に載る水戸のマンボウの図。大きいものは4、5丈（12～15メートル！）小さいものは6、7尺（2メートル）で全身が薄い灰色で黒い斑があるなど書かれている。大きさに関してはかなり大げさ？！

# 白露【はくろ】　大気が冷えてきて、露ができはじめるころ

江戸　八月節（七月後半――八月前半）
現在　九月七日ごろ

早朝に庭へ出ると葉に水滴がついています。昼間の温かい空気が夜の間に冷えて露となったものです。寒さが少しずつ近づいてきていることを実感します。

**八朔**　旧暦の八月一日のことです。田実《たのむ》の節句、田物祝《たのものいわい》とも称され、古くは民間、とくに農村で新しく収穫した穀物を贈答し、豊作祈願がおこなわれました。

稲の実りを神にタノム（祈願する）意味から転じて、頼むの節句として、鎌倉時代中期からは武士の間でも「君臣相頼む」ということで贈答がはじまり、室町幕府では御《お》憑《たのみ》奉行という役職を置くなど、八朔《はっさく》は儀式化されていきました。

豊作祈願の農耕行事と主従関係を固める武家の社交行事の二つの性格をもつ行事となりました。

**家康の江戸入城**　徳川家康が駿府から江戸へ入城した日が八月一日でした。そのため幕府は八朔を元日と同じく重要な式日としました。

諸大名は総登城して祝辞を述べ、太刀を献上しました。みな白帷子《しろかたびら》を着用しました。白帷子を着ることについて「八月節を『白露』というから」という説があります。

また、幕府から朝廷に馬が献上され、それを宮中で天覧する儀式がおこなわれました。

しかし、白装束は江戸のこんなところでも……。

**八朔の白無垢**　吉原では八朔の日に遊女は揃って白無垢《しろむく》を着用しました。はじまりについては諸説ありますが、元禄のころ巴屋《ともえや》の遊女・高橋が折から瘧《おこり》（間《かん》歇《けつ》的に起こる熱病）を患っていましたが、なじみ客が八朔の紋日《もんび》（祝日や節句など遊郭で定められた日。物日《ものび》とも）に約束通りにやってきたため、高橋は臥していたときの白小袖の姿のまま揚屋に入りました。ところがそれを見たほかの客たちが、「なんと清くまた艶なこと」と評判になり、それ以来、八朔には白無垢を着るということになりました。何がよしとされるのか、男心とは不思議なものですね。

花魁道中は若い者（妓楼の雑用係）、振袖新造（花魁付きの遊女見習い）、花魁、禿（花魁預かりの少女）、番頭新造（年のいった遊女で花魁の指南役）、遣り手（遊女取り締役）の順番だった。

**八朔の新吉原**

花魁《おいらん》は白い打掛けを羽織り、禿は白い無地の着物を着ている。花魁など高級遊女と遊ぶには茶屋を通さねばならなかった。

八朔の白無垢は、「秋の雪」「里の雪」とか「八朔の白妙《しろたえ》」などともいわれました。

たけ四尺くらいに積もる秋の雪

女性の身長が四尺ほどなので、遊女が白無垢を着た姿を表しています。

**紋日のはなし**　紋日というのは、客にとっても遊女にとっても恐ろしいものでした。紋日には揚代《あげだい》（料金）が割増になります。紋日は祝日や節句以外にもあれやこれやと定められていました。例えば八月十五日の十五夜と九月十三日の十三夜はお月見ですが、これらの日も吉原では紋日です。うっかり紋日だってことを忘れて登楼すると痛い出費になります。

また、遊女は紋日に休むことは許されず、客の無い場合には自分で揚代を払わねばならず、ますます遊女屋に借財が増え、足抜けができなくなるという恐ろしい鬼のようなシステムになっていました。

**お月見のこと**　江戸のお月見は「中秋《ちゅうしゅう》の名月」の八月十五日と「後《のち》の月見」の九月十三日の両日です。この両方の月見をしないのは「片月見」といって縁起が悪いとされました。

二度の団子で身代を粉にする

なかでも吉原では十五夜に来た客は十三夜も来るべし、この日に客を招けないのは傾城《けいせい》（遊女のこと。本来は色香で迷わし国や城を滅ぼすの意）としての腕が足りないとされるので、遊女たちはあの手この手で客を呼ぼうと苦心していました。客としては、二晩も豪遊すれば身代《しんだい》（財産）も尽きようというもの。

十五夜の月を芋名月、十三夜の月を栗名月、豆名月ともいいます。

風流を尊ぶ文人墨客たちは、前日の十四日に「待宵《まつよい》」と称して、詩歌や連歌、俳諧の宴を催しました。

さて、市中では十五日の中秋の名月には団子を作って、栗・芋・枝豆、柿・葡萄《ぶどう》などの果物や、薄・水引・月

大家族ではお団子作りも一苦労。

見草などの草花、お酒などを月にお供えしました。

団子作りは朝早くから家中揃って作ることが縁起がよいとされていました。月に供える団子とは別に、食べるための小団子も作って、柿や栗などと一緒にひとり十五個ずつもらいました。大家族ともなれば大量の団子作りに大わらわでした。

中秋はだんご十五の月見かな

江戸、上方でも月見の団子を供えることに変わりはありませんでしたが、それぞれ形が違っていました。江戸はまん丸、京坂では小芋のように先を尖らせました。元禄のころには三派《みつまた》の月見といって隅田川に船を浮かべて月を愛でるのが流行しました。三派（三股）は隅田川河口、箱崎のあたりのことをいいます。

**八幡宮の祭礼**　八月十五日は八幡宮《はちまんぐう》の祭礼です。八幡宮は八幡神（応神《おうじん》天皇を主神とする弓矢の神）を祭神とする神社で、武士を中心に古くから信仰を集め、全国各地にあります。

江戸市中にも多くありますが、なかでも深川富岡《とみがおか》八幡宮の祭礼は江戸の代表的な祭として賑わい、氏子たちによって山車《だし》・屋台・練物《ねりもの》などが催されました。山王祭や神田祭の天下祭とは違って、下町の庶民の祭りの風情で江戸っ子たちに親しまれました。

**永代橋崩落のはなし**　文化四年（一八〇七）八月十九日、永代橋が崩落し、千五百名もの犠牲者を出す大惨事が起きました。富岡八幡宮の祭礼に向かう群衆の重みに耐えきれず橋が崩落したのです。

この大惨事はいくつかの条件が重なって起こりました。

寛政の改革で途絶えていた祭が三十数年ぶりに再開されるということで江戸中の期待が高まっていました。その祭が雨によって四日も延期となり、当日は祭り

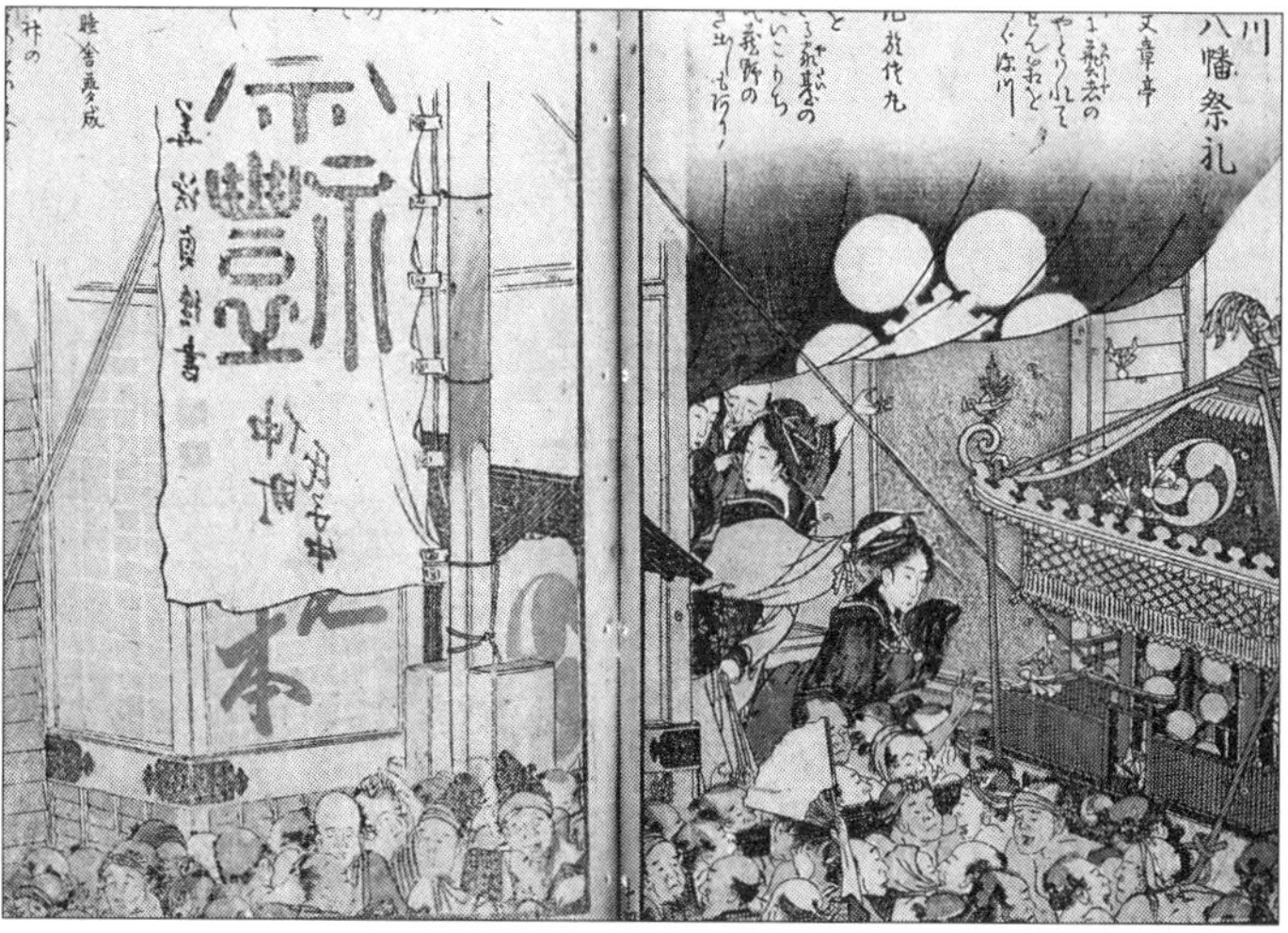


粋でイナセな深川芸者が神輿行列におひねりを投げている。

好きの江戸っ子がこぞって今とばかりに深川に向かいました。そこへ一橋家の船が橋下を通るために憚《はばか》って、橋の通行を一時間も通行止めにしました。通行が解除されるや、人々が殺到し、橋が真ん中から落ちてしまったのです。この大事故の報はすぐに江戸市中に広まり、大田南畝や山東京伝が随筆に書き残しています。

**放生会**　仏教の不殺生の思想から、捕えられた生類、鳥や魚などを山野や沼沢に放してやるという儀式が放生会《ほうじょうえ》です。八月十五日に神社や仏寺でおこなわれました。江戸時代は神仏習合ですから、神道にこの儀式が取り入れられ、とくに八幡宮の祭では放生会が主な神事でした。

　放生会虚空に金を撒きちらし

放生会で鳥を放つのは金を空に撒いているのと同じことという川柳です。
江戸の人々は、放生会に亀や鰻《うなぎ》、雀《すずめ》を放しましたが、どうも不殺生の功徳というよりも、一種のイベントのように思っていたようです。亀売りや放し鳥屋といった物売りから、亀や雀を放生会のためにわざわざ買っていました。

　放し亀一日宙を泳いでる

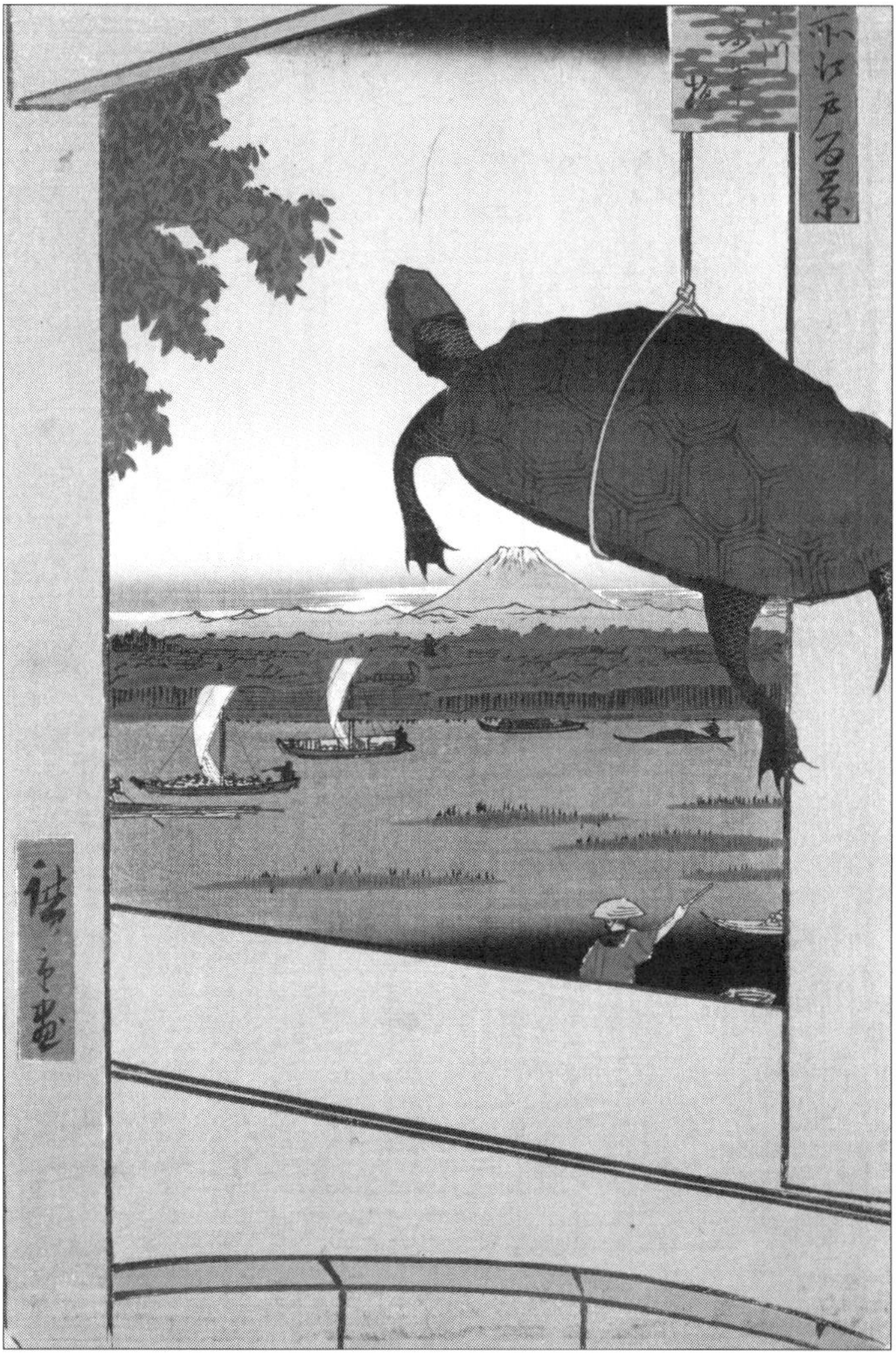

万年橋で放し亀を売っている図は「亀は万年」にかけたしゃれ。

前ページの広重の『名所江戸百景　深川万年橋』の絵のように、一日中宙に吊られて売られている亀。生類憐れみのはずが、亀にとってはとんだいい迷惑です。

**吉原俄**　吉原では八月いっぱい吉原俄《にわか》という楽しい催しがおこなわれました。

ちょっとした芝居や踊りなどを芸人や芸者が吉原の目抜き通りである仲の町で見せるというものです。

吉原俄のはじまりは歌舞伎狂いの茶屋の主人が妓楼《ぎろう》の仲間と思いつきの芝居を作って演じたところ大好評。これが秋の定例行事になりました。

往来で演じているので無料で見られるとあって、この催しは江戸っ子に人気でした。

女芸者たちの獅子行列。男髷に結った手古舞姿。

# 秋分【しゅうぶん】　昼と夜の長さがほぼ同じになるころ

江戸　八月中（八月の内）
現在　九月二十三日ごろ

秋分は新暦では九月二十三日ごろですから、気持ちのいい秋晴れが続きます。
「天高く馬肥ゆる秋」は秋のさわやかな好時節を表す成句としてよく知られていますが、実りの秋を表してもいます。
この節では秋の食べ物を中心にみていきましょう。

**秋刀魚**　秋の魚の代名詞といえば秋刀魚《さんま》ですが、江戸時代には下々《しもじも》の者《もの》が食べる下魚とされていたようです。
寛政（一七八九―一八〇一）ごろからだんだんと食べるようになって、値もつくようになったと随筆『続飛鳥川』に書かれています。

つきやむしゃむしゃ甘塩の九寸五分《くすんごぶ》

「つきや」は搗米《つきごめ》屋（玄米を白米に精米する商売。臼《うす》をごろごろと転がしながら杵《きね》を担いで町を流して歩いた）のこと。「九寸五分」は、短刀の長さのことですが、ここでは秋刀魚のこと。つまり、肉体労働者のつきやが、むしゃむしゃと食べるようなものが秋刀魚です。

塩味と脂ののった秋刀魚は労働者の食べ物で、殿様のお膳にのるようなものではありませんでした。

江戸時代は身分の格というものが重視された時代です。客に料理を出す際も格が考えられ、魚にまで格がありました。

下魚と殿様の組み合わせの妙から生まれたのが落語『目黒のさんま』なわけです。

**江戸前の秋の魚**　佃島《つくだじま》（東京都中央区佃）のあたりでは朝夕に八月中旬から秋鱚《きす》がよく釣れ、八月末になると鰈《かれい》、黒鯛などが釣れたといいます。また、中川では七月末、八月の初めに大はぜが、八月末には潮がよく秋鱚が、また鰈なども釣れました。そのほかにせいご・いか・穴子などが江戸湾で釣れました。

**さつまいも**　江戸っ子は言い換えや言葉遊びが大好きでした。さつまいものことを「十三里」といったり、焼き芋屋には「八里半」という看板がかかっていました。十三里というのは「栗よりうまい十三里」というしゃれ言葉で、栗＝九里と、より＝四里を足すと十三里というわけです。八里半というのは焼き芋のことで、ほとんど九里（＝栗）の味ということです。

さつまいもは、十七世紀に琉球から薩摩（鹿児島）と長崎に伝わったとされ、十八世紀半ばに救荒作物として青木昆陽《こんよう》が全国に広めました。青木昆陽は、吉宗の治世で書物奉行《しょもつぶぎょう》をつとめた立派な学者ですが、さつまいも（別名甘藷《かんしょ》）の栽培をすすめたため、死後に「甘藷先生」とあだ名されるようになりました。

**初茸**

初茸《はつたけ》やまだ日数経ぬ秋の露

これは芭蕉の句ですが、秋のはじまりを詠んでいます。ほかの茸にさきがけて秋のはじめに出てくるのが初茸です。赤松林に生える淡い褐色の茸ですが、傷のついたところが藍色に変わるので、アイタケと呼ぶ地方もあります。味わいは淡白ですが良い

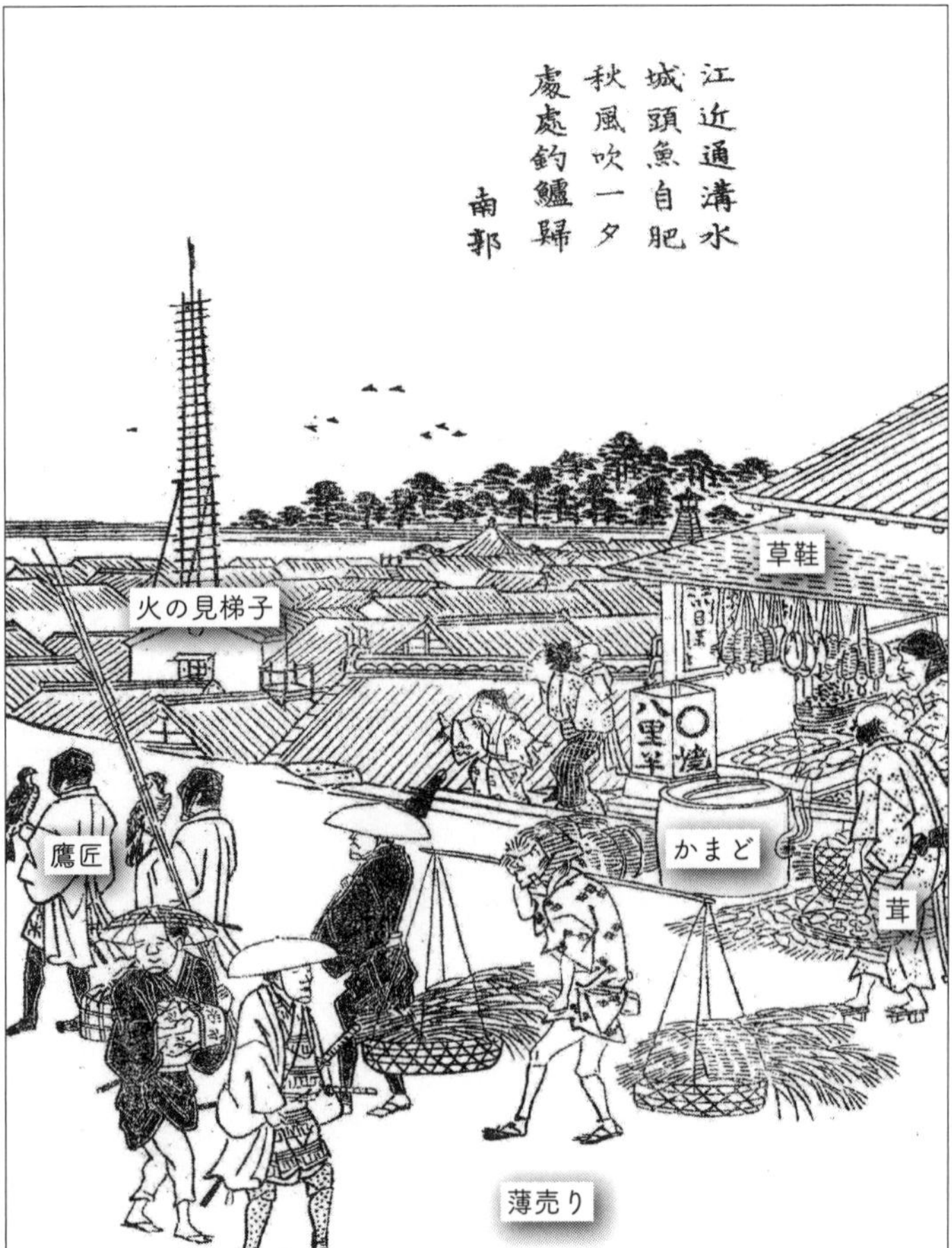
江近通溝水
城頭魚自肥
秋風吹一夕
處處釣鱸歸
南郭
火の見梯子
草鞋
八里半
○焼
鷹匠
かまど
茸
薄売り

**秋の江戸の町の様子**

柿の実が実る秋の景色。これは芋洗坂（港区六本木）の光景といわれている。商店には「八里半」の行灯看板が出ている。前に置かれているのはさつまいもを焼くかまど。

出汁《だし》が出るので、汁物や茸飯にされます。

**松茸**　秋の味覚の代表として忘れることができないのが松茸です。その香りの高さはほかの茸とは比べものになりません。元禄期に書かれた『本朝食鑑《ほんちょうしょっかん》』には、「松茸は我が国の菌蕈《きんじん》の最もよいものである」「茸の形状は、紫芝に類して柔滑、香美。甘《かん》脆《ぜい》さ（うまくて歯ごたえが良い）は諸茸よりも勝れている」と記されています。

初物食いが好まれたことは、初夏の初鰹で紹介しましたが、松茸の初物も「早松茸」と称して珍重されました。

現在はたいへん高価な松茸ですが、江戸時代は今ほどではなかったようです。これは里山が守られていたため、収穫量が今よりも多かったからといわれています。

**秋茄子**　秋の茄子は種が少なく、皮が引き締まって美味とされました。「秋茄子は嫁に食わすな」のことわざがありますが、これを踏まえて一茶は、

月さすや嫁に食わさぬ大茄子《おおなすび》

と詠んでいます。

このことわざの解釈には諸説あって、姑が嫁を嫌っているからというもの、茄子は身体が冷えてよくないからというもの、種が少ないことが子種がなくなるに通じるから食べさせないなど、です。

**かぼちゃ**　江戸近辺でかぼちゃが栽培されるようになったのは江戸中期のことです。内藤かぼちゃ・雑司が谷かぼちゃ・居留木《いるぎ》橋（正しくは居木橋で現在の品川区大崎のあたり）かぼちゃなど地名を冠したブランド野菜となってはいたのですが、かぼちゃ自体は女性が好むもので、男にとっては野暮な食べ物とされていました。「かぼちゃ野郎」なんていう野暮な男を馬鹿にした罵り言葉も生まれました。

ちなみに「かぼちゃ」という名前の由来は「カンボジア」から伝来してきたからとされています。

**九年母**　九年母《くねんぼ》は皮が厚く、柚子《ゆず》くらいの大きさの香り高いみかんです。室町時代後半に琉球を経て入ってきました。当時、このサイズで生食用のみかんがなかったので、たいへんもてはやされました。寛永年間（一六二四―四四）に紀州から江戸へ紀州みかんが運ばれるようになると主流は九年母から紀州みかんへと移っていきました。現在はほとんど栽培がなされていないようですが、九年母は秋の季語として残っています。また、沖縄ではみかん全般を九年母と称するそうです。

さて、食べ物の話ばかりしてきましたが、この季節の行事を見てみましょう。

**秋の彼岸**　秋分の日を中日《ちゅうにち》として前後三日間が秋の彼岸です。春の彼岸と同様に出かけるのにはよい時節ですから、墓参りやお寺で営まれる彼岸会に参加したり、六阿弥陀参りや奥沢の九品仏《くほんぶつ》参りをしたりと、往来が盛んでした。

奥沢の九品仏ですが、浄真寺というお寺に三つ

**九品仏**　本堂のうしろに3つ阿弥陀堂が並んでいる。

の阿弥陀堂（上品堂《じょうぼん》・中品堂《ちゅうぼん》・下品堂《げぼん》）があり、それらのお堂それぞれに三体の阿弥陀如来が安置されています。これら九体の阿弥陀如来像が九品仏で、お寺の通称となりました。

『江戸名所図会』を見ると、境内には茶店や見世物なども出ていたようなので、彼岸の時期には行楽の人々で盛況だったようです。

東急大井町線の九品仏駅は、浄真寺の参道の前にあります。

**亀戸天神の祭礼**　八月二十五日は亀戸天満宮の祭礼でした。

前日二十四日にお神輿《みこし》の行列がありました。この行列は、神輿を担ぐ者も白張《しらはり》（白い狩衣）を着て烏帽子《えぼし》をかぶったりするなど、ものものしく立派でした。さらに氏子の各町が神輿行列に続いて山車や練物を出したので、本所の末の下町である亀戸村も、この時ばかりは江戸市中の人々がこぞって見物に訪れてかなり賑わったそうです。

また、同じ日に、下谷《したや》天満宮と茅場町の山王《さんのう》御旅所《おたびしょ》内にあった天満宮も祭礼がありました。

**亀戸天神の祭礼**

この祭礼は神輿を担ぐ人間も白の狩衣に烏帽子姿である。大幟に本所林町とあるので、橋は小名木川にかかる二ッ目橋か。

# 寒露【かんろ】　露が冷気によって凍りそうになるころ

江戸　九月節（八月後半―九月前半）
現在　十月八日ごろ

この時期になると雁《かり》などの冬鳥が渡ってきて、菊の花が咲き始めます。風はすっかり秋の冷たい風です。衣《ころも》更《が》えで、九月一日から八日までの間は、袷《あわせ》に着替えました。

**重陽の節句**　古代中国の陰陽五行説によれば、奇数を陽に、偶数を陰ととらえます。九月九日は陽の数である九が重なるので、重陽《ちょうよう》といい、吉日とされています。中国では登高《とうこう》といい、丘に登り気を養うという行楽の行事がおこなわれますが、日本では奈良時代に宮中で観菊の宴が催されました。なので、重陽は菊節句ともいいます。

江戸時代には、重陽は五節句のひとつで式日とされ、御三家をはじめ大名諸侯は江戸城へ祝賀のために登城し、菊酒を賜りました。菊酒は酒杯に菊の花片を浮かべたもので、邪気を払い延命長寿を祈る節物として欠かせぬものでした。

また、二日にはすでに諸侯は将軍家への献上品として、時服《じふく》（綸子《りんず》か羽二重の黒紋付と白無垢の重ね）を献上しました。また、大奥へは三方に引合単衣《ひとえ》と紅白の丸餅を重ねて載せ、これに菊を一枝添えた熨斗《のし》とともに献上しました。

菊酒は一般庶民へと広まり、重陽の日には赤飯を炊き、菊酒をたしなみ、縁者に栗を進物として贈りました。

また、前夜に菊の花に綿をかぶせておき、翌日、菊の香りと露が移ったもので、顔を拭くと老いが去る、あるいは身体を拭くと長寿になるという風習があり、これを「きせわた」といいました。

菊酒の真似か、花弁をバラバラにする子どもたち。

重陽から人々は、袷から綿入れに衣更えし、冬支度となります。足袋を履くのもこの日から三月までになります。

**天王寺富くじ**　谷中の天王寺《てんのうじ》（天保以前は感応寺《かんのうじ》と称した）では一月・五月・九月の各十一日に富突き（富くじ）の興行がおこなわれました。今でいう「宝くじ」のことです。目黒不動、湯島天神とともに江戸の三富と称されました。

百両を錐《きり》で突つく谷の中

富突きの仕組みは、番号の書いてある紙の札（富札）を市中で売り、同じく番号の書いてある木札を作ります。この木札を箱に入れ、抽選日に大錐で箱の中の木札を突いて、上がってきたものを当たりとしました。当選者は紙の札を持って寺社にいって賞金を受け取りました。

この富くじは幕府の許しをえて開催されていましたが、富札一枚の価格が高いため仲間でお金を出し合って買ったりしました。それでも手が出せない庶民たちの間では、当選番号を予想してこっそりと銭を賭ける「影富」なるものが流行しました。庶民の一攫千金の夢は時代が変わっても同じようです。

谷中天王寺
富の圖
騒ぐ人々を
なだめる役人
番号を書く「書役」

**天王寺の富くじ**

当たり番号は箱の中の木札を突いて決めた。僧侶と寺社奉行所の役人が居並ぶ中で富突きがおこなわれた。もし当たっても、お寺にお礼奉納や札売りなど関係者への祝儀で、当選者の懐へ入るのは結局、当選金額の8割程度だった。

**生姜市**　芝神明（正式は飯倉神明宮。現在は芝大神宮）のお祭りですが、九月十一日から二十一日まで十日間の長きにわたって続くので別名「だらだら市」とも呼ばれました。

十一日からのはずですが、九月に入るや境内には見世物小屋が立ち、独楽《こま》回しや軽業などの興行もはじまり、さまざまな露店が出ました。宮の近隣の商店は軒提灯を掲げました。このあたりの賑やかさは、京橋より南では随一でした。

生姜《しょうが》市というのは、生姜を売る店が多かったため、このような名前がついています。生姜のほかにも藤の絵を描いた「千木筥《ちぎばこ》」という櫃《ひつ》を売るお店も多く出ました。これは女性用の土産品で、簞笥《たんす》に入れておくと着物が増えるといわれています。

薩摩藩はこの千木筥を特別注文で作らせて、江戸城大奥に御慰みといって例年祭礼の時に献上しました。

**御難餅の日**　これは日蓮宗の行事です。文永八年（一二七一）九月十二日、日蓮上人は鎌倉竜《たつ》の口で首を刎《は》ねられる予定でした。その刑場へ行く途中で、老婆が胡麻をまぶした餅を日蓮に差し出しました。急なことで老婆は餡《あん》を煮る時間がなかったので

**芝神明生姜市**　参道の左右に生姜を売る露天が並ぶ。

胡麻ときなこをまぶしました。それを食べた日蓮は、処刑されるはずのところ難を逃れ（絵巻物ではまさに首を刎ねようとした時に雷鳴が轟《とどろ》いたので執行人たちが恐れ慄いて逃げてしまったという話になっている）、佐渡へ流刑となりました。この故事にちなんで、九月十二日に、日蓮宗では仏前に胡麻ぼた餅を供えました。

**菊のはなし**　菊の花を栽培することが元禄のころから流行となりました。園芸愛好家、なかでも菊に魅入られた人々が、新品種を誰よりもはやく作り出し、育てて楽しむことに心血を注ぎました。正徳年間（一七一一―一六）になると京都を中心に寺院

町人・武士・僧侶・女性、身分の別なく展覧会を楽しんでいる。

や料亭などを会場として、菊の新品種を並べて、優劣を競う「菊合わせ」が開催されました。通常五十から六十名、多いところでは百名以上が出品する大きな会でした。

江戸時代後期になると江戸巣鴨近辺の植木屋たちが菊の作りものに腕を競い合うようになりました。菊で龍や虎、象、富士山などを作って見せ、さらには七福神や宝船、芝居の一場面を「造菊《つくりぎく》」として競って見せました。菊の季節になると江戸っ子たちがこの造菊を目当てに大挙して押し寄せました。

また、造菊とは別に、ひとつの菊の株に接ぎ木をして、百種もの花を咲かせるという変わり咲きの菊も人気を博しました。

**菊合わせの様子**　京都・丸山で開催された菊合わせ大会。

現在でも秋になると各地のお寺で「菊まつり」が開催されていますが、これは江戸時代からはじまったものが、脈々と続いてきたものです。

駒込染井の植木屋今右衛門が作った「百種接分菊《ひゃくしゅつぎわけぎく》」は、１本の台木に100種の菊を接ぎ木して花を咲かせたもの。それぞれの枝で異なる形・色の花が楽しめる。見物人はみな興味深げに眺めている。

# 霜降【そうこう】

## 露が冷気によって霜となって降りはじめるころ

江戸　九月中（九月の内）
現在　十月二十三日ごろ

新暦で霜降は十月二十三日ごろです。温暖化のせいもありますが、最近東京の初霜は十二月二十日前後なので、この時期に霜が降りるのは少々早いような気もします。しかし、江戸時代はプチ氷河期に当たっていて日本の歴史上を通じても寒かったといわれています。

真冬には隅田川が凍ったなんて話も残っていますし、赤穂浪士の討ち入りや桜田門外の変などの大事件の日に大雪が降ったと書かれています。とくに桜田門外の変は新暦に直すと三月二十四日にあたりますので、現在の気候から見るとやはり江戸時代はかなり寒そうです。旧暦の九月後半には初霜が降りていても不思議はないでしょう。

また、霜降の日から立冬までの間に吹く風を木枯らしと呼びます。

この時期に江戸っ子が楽しみにしている祭りといえば……。

**神田祭**　山王祭と並んで天下祭とされるのが、江戸の総鎮守《そうちんじゅ》を号した神田明神の祭礼です。丑《うし》・卯《う》・巳《み》・未《ひつじ》・酉《とり》・亥《い》の隔年、九月十五日に大祭が開かれました。氏子の家々では九日から軒に提灯を掲げ、町々では神田明神と書かれた大幟《おおのぼり》を立て、酒樽や蒸籠《せいろ》を積み重ねて飾りたて、客を招いて当日を待ちました。子どものいる家では祭礼の行列で思いっきり着飾らせるため身代が傾くなんてことがあったそうです。それくらい江戸っ子にとって神田祭は大切な祭りでした。

前日十四日は夜宮あるいは〝ねり〟と称して祭礼の勢揃いがありました。当日になると、未明から太鼓や笛の音が聞こえ、六十町の氏子が三十六番もの山車を引き出しました。

祭礼のルートは、桜の馬場（湯島聖堂の西、現在は東京医科歯科大学の構内）からはじまり、御茶の水を経て湯島に出て、外神田を通って、田安御門から御曲輪内に入ります。御上覧の後に、竹橋御門から出て、一橋家の前へ出ます。この屋敷は神田明神の旧地だったので、神輿は屋敷の中に入って奉幣《ほうへい》がありました。本町通りを大伝馬町、堀留《ほりどめ》、小網《こあみ》町、小舟町へ通って日本橋を渡り、京橋へ出て、河岸をまわって神田明神に戻ってきます。

当日は往来人止めで、横道などの小路は柵がつくられ、みだりに通行が許されませんでした。人々は整然と通りの家々にしつらえた桟《さ》敷《じき》などから祭りを見物しました。

この祭礼は神輿よりも各町が出す山車が主役でした。

山車の一番目は山王祭と同じく諫《かん》鼓《こ》鶏《どり》です。二番目が南伝馬町の猿舞以外に、雇われて太《だい》神《か》楽《ぐら》や曲芸師の丸一と太丸、さらに独楽曲芸師の源《げん》水《すい》が出てきます。有名な芸人たちの実演とは面白そうですね。三番目は神田旅《はた》籠《ご》町の翁《おきな》の舞。翁の人形が着ているものは能役者が着ていたものを使っているとか……。といったように三十六番まで続き、木《き》遣《やり》歌《うた》とともに練り歩きました。

江戸東京博物館には、神田須田町二丁目の名作といわれた関《かん》羽《う》人形の山車が復元されて、展示されています。

また、大名方からは引馬や長《なが》柄《え》槍《やり》などが多く行列に加わり、その装いがまたカッコよかったとも伝えられています。とくに相馬侯（陸《む》奥《つ》中村藩）の黒く染め出した馬の柄の幟《のぼり》は布八反で作られた大幟でした。これを藩士の中でも力持ちが、手代わり三、四人をつけて神輿の前に立ち、羽織袴に大小を差して幟を押し立てていく、その姿はなかなか勇ましいものだったそうです。

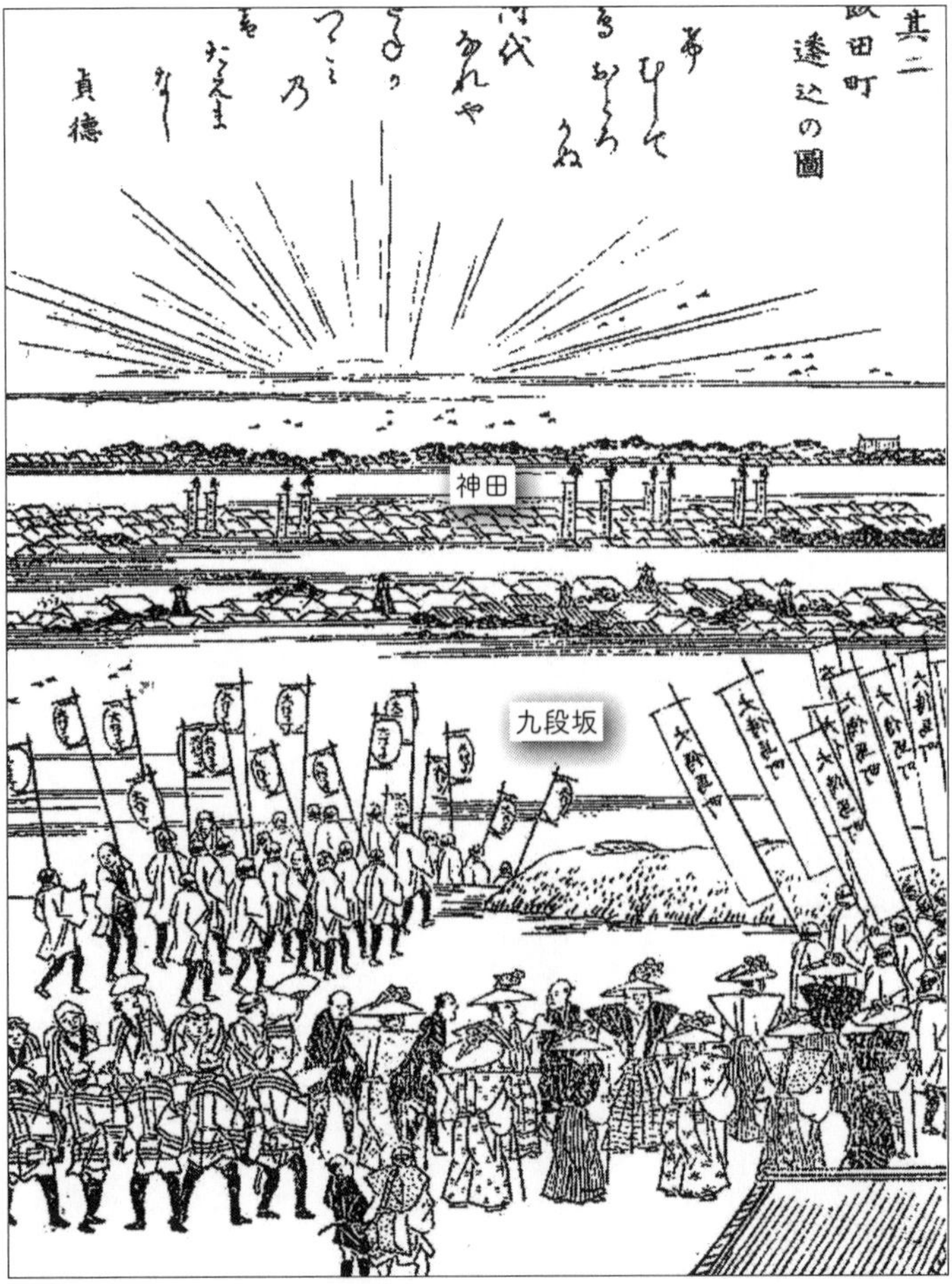
其二
飯田町
貞徳
神田
九段坂

**神田祭**

山車の一番目は大伝馬町の諫鼓鶏であった。九段坂の上にいるので、これからまさに田安御門を通って江戸城内へ入ろうというところ。

江戸時代は神輿よりも山車が主役でしたが、どうして現代は山車が廃れてしまったのでしょうか？

その原因は電線です。背を高く作った山車では電線にかかってしまう問題がありました。明治時代、市中に路面電車が走り、この電車の電線も山車にとっては問題でした。最近は、景観のために電線を地中に埋めることが進められていますので、もしかしたら近い将来、山車が出る神田祭が復活するかもしれません。

**新酒**　秋の彼岸から三十日を過ぎたころ、地廻りの新酒の船が江戸に到着します。地廻りとは近くの土地から回送してくることをいい、ここでは下総《しもうさ》・常陸《ひたち》・上野《こうずけ》・武蔵《むさし》のことです。

この地廻りに対して江戸っ子に好まれたのは「下《くだ》り酒」でした。伊丹《いたみ》や池田などの上方から「下って」くる酒で品質の良さから珍重されました。

江戸の新川には下り酒問屋が集中し、蔵がずらりと並んでいました。

毎年、新酒を運ぶレース「新酒番船」がおこなわれ、西宮《にしのみや》から新酒を積んだ樽廻船が江戸に到着するまでの航行時間を競いました。最速の記録は天保十四年（一八四三）の五十六時間です。一番早く到着した酒は高値で取引されたため、廻船問屋は利益と名誉をかけて競い合いました。

この下り酒の人気は衰えることなく、幕末には年間で百万樽もの下り酒が江戸に運ばれたそうです。

**新川の酒問屋**

江戸湊に到着した酒は、小舟に乗せかえられ新川を通って酒問屋へと運ばれた。

# 第四章 冬

10月 立冬 小雪

11月 大雪 冬至

12月 小寒 大寒

# 立冬【りっとう】　はじめて冬の気配があらわれてくるころ

江戸　十月節（九月後半―十月前半）
現在　十一月七日ごろ

江戸の町では九月の末ぐらいから銀杏の葉が黄色く色づきはじめ、立冬を過ぎると紅葉《もみじ》が見ごろとなります。南は品川の海晏寺《かいあんじ》、北は王子滝野川がとくに紅葉の名所として有名でした。

**海晏寺の紅葉**　鮫洲《さめず》（品川区南品川）の海晏寺は、鎌倉期に創建された古刹です。寺域は南北十二町（約一・三キロ）、東西十町（約一・一キロ）と広く、山あり泉ありのたいそう立派なものでした。ここの紅葉は立冬から数えて十日目からが見ごろとされていました。紅葉は古木が多く、また、蛇腹《じゃばら》紅葉・千貫《せんがん》紅葉・浅黄《あさぎ》紅葉・韮梅《ひばい》紅葉・猩々《しょうじょう》紅葉などさまざまな種類が植わっていました。

『江戸名所図会』によれば、晩秋になると庭一面がまるで錦繡《きんしゅう》を広げたようになり、海越しに見る山々は紅一色に染まり、また青い海に夕日が映るころになると、紅で洗ったかのように書院や僧坊も輝いて、この地の美しさに酔わない者はないだろうと、その景色の素晴しさを記しています。でもそんな美しい紅葉も……。

　海晏寺まつかなうそのつきどころ

紅葉狩りは、品川遊里に行くための口実でした。

**滝野川の紅葉**　滝野川（北区滝野川を流れる石神井《しゃくじい》川のあたりを昔から滝野川と呼んだ）はくねくねと曲がっていて、一歩ごとに眺めが変わるのが面白いとされていました。紅葉の見ごろは立冬から七、八日目から。川面に紅葉が映る風情が幽趣を求める雅人に好まれました。

紅葉の名所は、ほかに上野東叡《とうえい》山・谷中天王寺・根津権現・品川東海寺・大塚護国寺・目黒祐天寺などがありました。

紅葉狩りは、地味なので婦女子にはあまり人気がなく、もっぱら隠士・医師・僧侶が好む風雅な遊びでした。

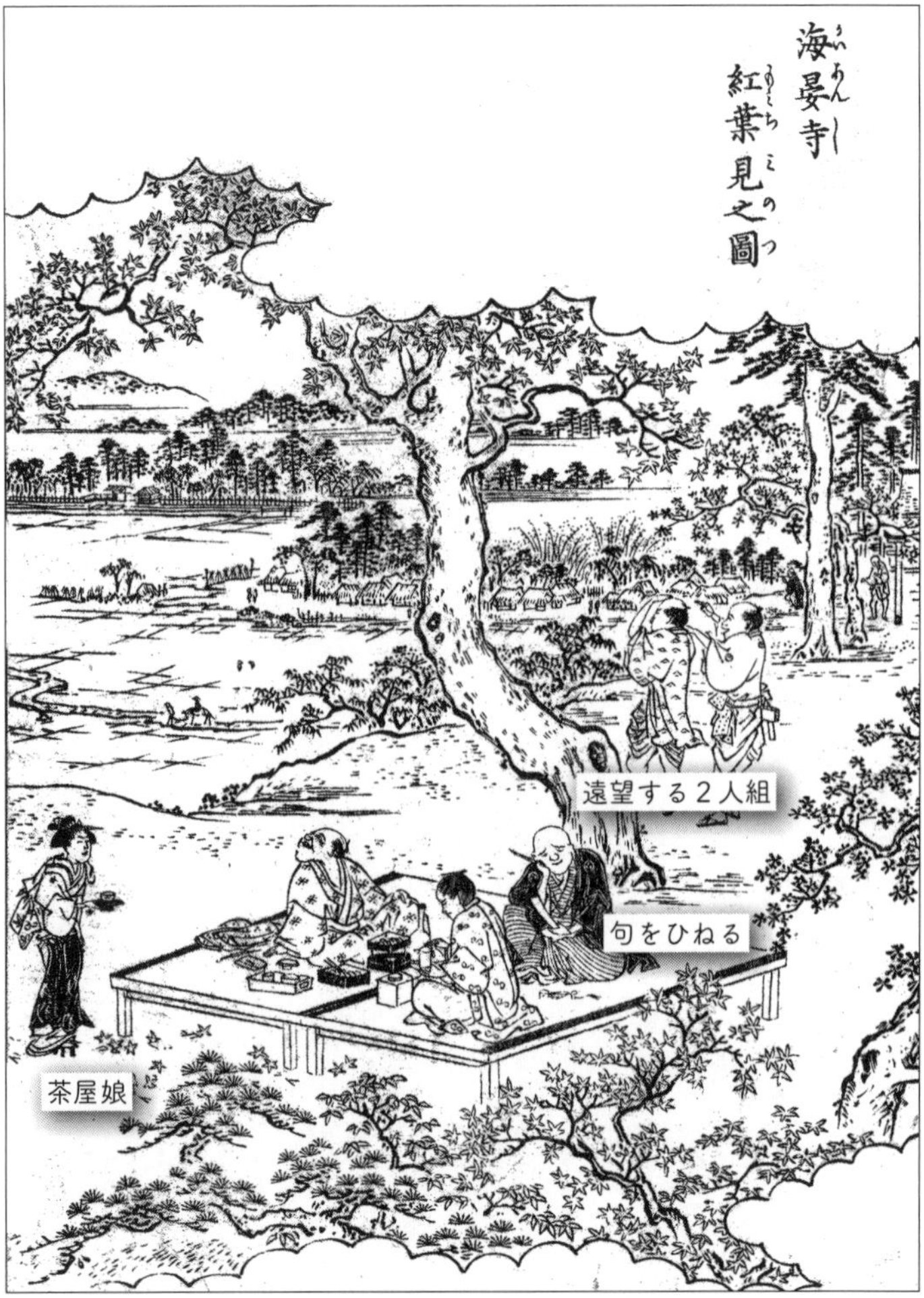
海晏寺《かいあんじ》
紅葉《もみぢ》見之圖《みのづ》
遠望する２人組
句をひねる
茶屋娘

題海晏寺紅樹
古刹楓林簇晩霞
深深庭院駐年華
那知秋後風霜色
却勝江南二月花
春臺
雁が渡る
茶屋の婆
紅葉狩りの子ども

**海晏寺の紅葉**

右の床几には句をひねる男、酒と弁当を楽しむ男、茶屋娘に鼻の下を伸ばす男が描かれている。

立冬を迎え家々では本格的な冬支度がはじまります。

**炉開き**　炉《ろ》開きとは冬になって炉を使い始めることをいいますが、茶家では炉開きと口切りの茶会をおこないました。十月一日あるいは十月の亥《い》の日に風炉《ふろ》（持ち運びできる炉）を片付けて地炉（単に炉とも）を開きます。現在は十一月におこなわれています。

また、口切りとは新茶の茶壺の口を切ることで、その新茶で茶会を催します。

**茶の湯**

**炬燵開き**　十月の亥の日に炬燵《こたつ》開きをしました。十二支で十月は亥の月です。陰陽五行説で亥は水を表すため火を防ぐといわれ、亥月亥の日が暖房器具を使い始めるのに最良の日とされました。来客に火鉢をすすめるのもこの日からでした。

大奥にも炬燵はありましたが、御座の間の炬燵は飾って置くだけのもので、火は入れませんでした。季節のインテリアなのでしょう。さすが江戸城大奥です。お召替えの際の着物を温めるための炬燵は別に御納戸《おなんど》部屋に用意されていました。

**江戸の暖房器具**　暖房器具といっても、主なものは炭を使った火鉢でした。火鉢の中で

**火鉢**

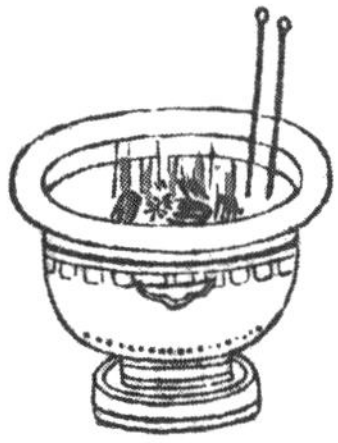

**長火鉢**

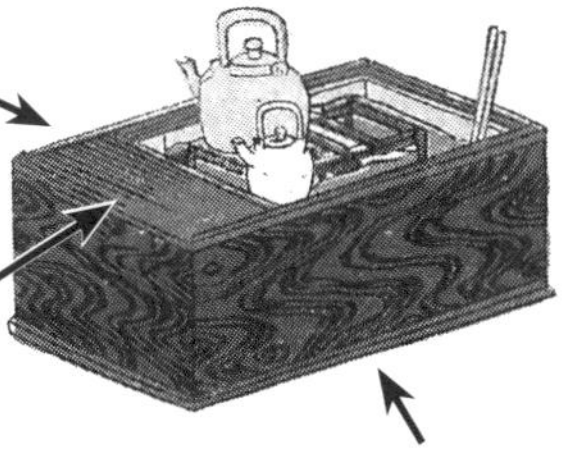

**炬燵**　櫓《やぐら》（木の枠）の中に火を入れて布団をかけた。

も江戸で広く使われるようになったのが長火鉢です。長火鉢は暖房以外にもさまざまな機能を備えていました。火鉢の中の銅壺《どうこ》や五徳に鉄瓶をかけてお湯を沸かしたり、引出しは乾燥機がわりで、お茶や海苔《のり》を入れておきました。

**玄猪**　十月はじめの亥の日は玄猪《げんちょ》（亥の子）といい、この日に餅を食べると万病を除くとされました。中国の俗信によるもので、日本では平安時代からおこなわれました。朝廷では内匠寮《たくみりょう》（宮中の調度などを司った）が猪の子形に作った餅（亥の子餅）を奉る儀式がありました。猪の子形にするのは、子どもをたくさん産む猪にかけて子孫繁栄を祈る意味があります。江戸時代、この餅を食べる行事は武家、町家ともに広くおこなわれました。

江戸城では玄猪御祝儀として、大

江戸城の篝火

名諸侯は熨斗目《のしめ》長裃《ながかみしも》を着て夕七ツ半時（午後五時ごろ）に登城しました。将軍が大広間に出てきて手ずから餅を与えます。これを「手かちん」（「かちん」とは宮中の女房言葉で餅の意）と称したそうです。

五ツ時（午後八時ごろ）に式が終わり下城します。夜の行事なので、大手御門と桜田御門では盛んに篝火《かがりび》を焚きました。

武家では紅白の餅を家臣に与えました。また、町家では牡丹餅《ぼたもち》を亥の子餅といって食べました。

　牡丹餅の精進落ちは亥の日なり

牡丹餅も亥の日に食べれば「亥の子餅」。実は同じものということ。

十月を神無月といいますが、神様がみな出雲《いずも》大社へ行ってしまって留守なので、この月は目立った神社の祭礼や行事がありません。主にお寺の行事になります。

**両大師**　両大師とは、上野東叡山寛永寺の慈眼《じげん》堂（現在は両大師堂）に祀《まつ》られている「慈恵《じえ》大師」と「慈眼大師」のことです。この両大師は毎月晦日《みそか》の夕方に上野の三

**両大師**　本坊から門主が轅《ながえ》に乗って慈眼堂へ向かう。

十六の子院に月替わりで遷座しました。ただし、十月二日は慈眼大師の忌日なので、本坊へ遷座しました。この日は東叡山の僧は総出仕と決まっていて、読経・散華《さんげ》のお練りがあったので、参詣人が押し寄せました。

慈眼大師とは、家康のブレーンだった僧・天海のことです。彼が江戸城の鬼門にあたる上野のお山に寛永寺を開きました。これは京の鬼門に建つ比叡《ひえい》山延暦寺《えんりやくじ》にならったものでした。天海は、家康・秀頼・家光と三代にわたって帰依を受け、百六歳（！）で亡くなったとされています。

慈恵大師（元三《がんざん》大師）は、比叡山

延暦寺の中興の祖で、天海が尊崇していたことから共に祀られています。

**お十夜**　浄土宗の法要で、十月六日から十五日の十夜の間におこなわれます。六日を「十夜紐解《じゅうやひもと》き」といいました。

法会をおこなう主な寺は、増上寺《ぞうじょうじ》・本所回向院《えこういん》・深川本誓寺《ほんせいじ》・南品川願行寺・青山善光寺・奥沢浄真寺（九品仏《くほんぶつ》）・浅草念仏堂・千住勝専院・行徳徳願寺でした。期間中は説法・念仏がおこなわれるので多くの参詣人を集めました。とくに芝の増上寺は、数百名の僧たちが金襴《きんらん》・錦繡のきらびやかな法衣をまとい、そろって読経するので、その荘厳さに参詣人は、極楽界とはこのようなものかと思うほどだったといいます。増上寺は将軍家の菩提寺《ぼだいじ》として手厚い保護を受けていたので、だいぶ羽振りがよかったのでしょう。

**御命講**　十三日は日蓮上人の忌日なので、法華宗の寺院ではこの日の前後に法要がありました。御命講《おめいこう》は御影供《みえいく》が転訛したといわれています。

檀家では、仏壇を飾り、日蓮上人の像に紅白の綿をかけ、青紅の餅と造り花を供え

境内には見世物や曲芸も出て、お隣の鬼子母神とともにたいへん賑わった。参詣人の中には、鬼子母神の名物土産の麦わら細工の角兵衛獅子と風車を持った人も見える。

**雑司が谷法明寺の御命講**

参詣の人々が見入っているのは日蓮上人の一代記をカラクリの造りもので表したもの。

ました。参詣人をもっとも集めたのは、日蓮入滅の地とされる池上本門寺でした。

本門寺の法要は十日から十三日、雑司が谷法明寺は八日から十三日、十二・十三日が深川浄心寺・本所報恩寺・谷中瑞林寺など、十三日が品川妙国寺・丸山浄心寺・大塚本伝寺などでした。日にちが微妙にずれているのは、参詣人を融通し合うためにお寺同士で協定を結んでいたようです。

菊鶏頭伐りつくしけり御命講

芭蕉の句ですが、わずかに残った秋の名残りの花を御命講のためにすべて伐ってしまうというのが大意ですが、これから本格的な冬の寒さがやってくることを思わせる句です。

# 小雪【しょうせつ】　雨が雪に変わりつつあるころ

江戸　十月中（十月の内）
現在　十一月二十二日ごろ

木枯らしが枝の葉を落とし、初雪が舞う季節です。鉢植えの盆栽で寒さに弱いものは、室内にいれなければなりません。

北から渡り鳥もやってきて寒さが募りますが、お江戸日本橋界隈は賑《にぎ》わっているようです。

**べったら市**　大伝馬町に立つ市で別名「くされ市」ともいいました。くされ市の呼び名は、近くにあった日本橋の魚河岸《うおがし》から売れ残りの魚を市に持ち込んだからといわれています。

当初は翌日の恵比寿講《えびすこう》の用品、恵比寿大黒像・打出の小槌《こづち》・懸鯛《かけだい》・切山椒《きりざんしょう》（上新粉に山椒の粉と砂糖を混ぜて細長く切ったもの）などを売っていたのですが、いつの間にか浅漬け大根（べったら漬）の市に変わってしまいました。

商家の小僧たちは浅漬け大根を買い求めると「べったりべったり」と大声を出しながら歩きました。ビニール袋などない時代ですから、漬け物はそのまま手に提げていきます。この声がすると、女子たちは浅漬けの麹粕《こうじかす》が着物につ

べったら市

いたら大変なので、混雑の中を避けるのですが、すぐまた別の方から「べったりべったり」の声が聞こえてきます。この様子がおかしいのでさらに多くの人が集まり、べったら市という名になったようです。

現在は、毎年十月十九・二十日に宝田恵比寿神社（日本橋本町三丁目）の周辺に何百件もの漬物屋の露店が出て大賑わいとなっています。ただ、宝田恵比寿神社を訪れると祭りの喧噪《けんそう》に比べてとても小さな神社なので驚きます。

**恵比寿講**　十月十日は商家が商売繁盛を願って恵比寿様を祀り、親類・知人を招いて宴会を開きました。中世末にはじまって、江戸時代に盛んになった行事です。とくに江戸日本橋の大店《おおだな》では盛大におこなわれました。

恵比寿様の像や掛け軸を床の間にかけて、その前に鯛やお酒、餅や果物を供えました。

地方によっては、一月十日（十《とお》日《か》戎《えびす》といわれる）、一月二十日、十月二十日におこなうところもあります。上方では、この日は「誓文払《せいもんばら》い」といいました。

**芝居のはなし**　芝居興行は幕府の許可がいりました。江戸では中村座・市村座・森田座の江戸三座に芝居興行の許しが出ていました。

芝居の年間スケジュールは、なぜか十一月からはじまり、翌年十月十五日に千秋楽を迎えます。「千両役者」といいますが、この「千両」は江戸時代の人気役者の年間の契約金のことです。契約は十一月から翌年十月までの年間契約でした。

十月の千秋楽を迎えると、役者の入れ替えがあり、次年度の新しい芝居の宣伝にどの芝居小屋も熱心に取り組みました。演目が決まるのは十七日です。役者をはじめ、

両家愛比壽構
史邦
踊る男
せり売りの真似

**商家の恵比寿講の様子**

1階では商売繁盛のまじないで「せり売り」の真似がおこなわれている。
2階では飲めや歌えやの大騒ぎ。

座の一同が芝居小屋の三階に集まり宴を開きます。歌舞伎の作者（狂言作者）が恵方《えほう》に向かって新しい演目の題名（名題《なだい》）を読み上げ、二枚目の俳優（色男などを演じる役者で看板の右から二番目に名前が出る）が、誰がどの役をやるか役割を読み上げます。それからまた作者が出て書き上げた脚本を読むのですが、ベテラン俳優が相手役をつとめ、このやり取りが面白かったそうです。これらを「はなし初《はじめ》」といいました。役者を提灯で送り迎えするので、人気者をひと目見ようとたくさんの見物人が往来に集まりました。

　演目と役者が決まれば、新しい芝居の番付作りがはじまります。

　次に、二十日は芝居小屋に新しい紋看板（役者の名前がそれぞれの紋の下に書いてある）を掲げました。看板には大・中・小の区別があって、さらに紋の色も役者の位によって変わりました。看板の並び順に芝居通は興味津々です。ひいきの役者が今年はいったいどの座のどの位置にいるのか気になるところでした。

　二十五日になると、大名題看板（芝居の題名が書かれた劇場正面に立てる大きな看板）を出しました。中村座では猿若狂言の人形を仕切場（劇場事務所のようなところと思われる）に飾り、ほかの二座は三番叟《さんばそう》（能の「翁《おきな》」をもとにした演目のこと）の

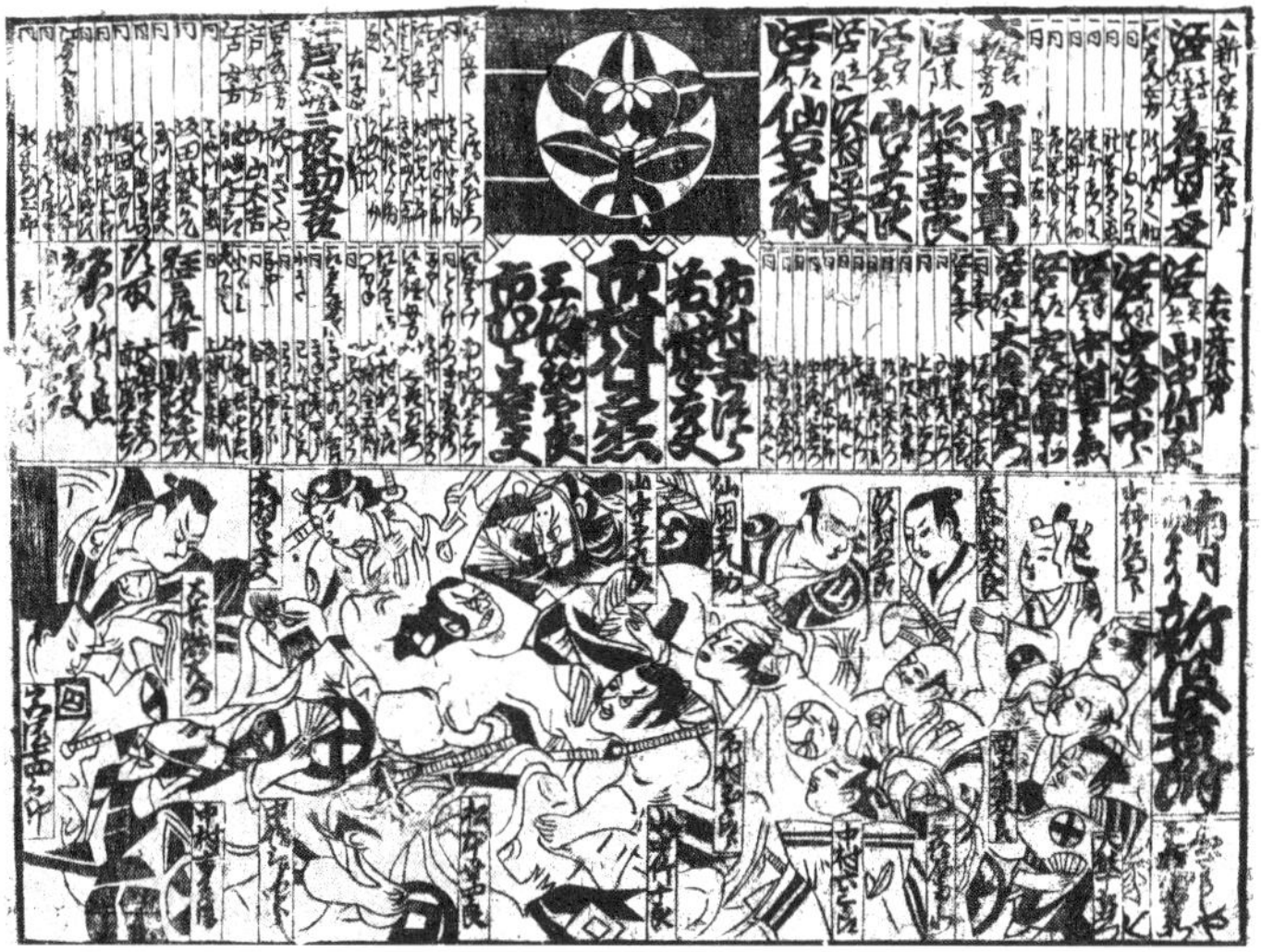

**顔見世番付**　市村座の番付。見せ場を役者の似顔絵入りで。

人形を飾りました。

二十九日に、芝居茶屋（席の手配や幕間の食事などを用意する）からお得意さんにいっせいに「顔《かお》見《み》世《せ》番付」が配られます。

晦日には芝居町の茶屋に造りものを飾って、夜には灯燭で照らしました。そして番付売りが「新狂言役割番付」といいながら顔見世番付を手に町を売り歩き、人々はわれ先にと買い求めました。

いやがおうにも期待が高まろうってものです。

こうして新芝居の幕が開きます。

# 大雪【たいせつ】　雪が降ると積もるようになるころ

江戸　十一月節（十月後半――十一月前半）
現在　十二月七日ごろ

本格的な冬がやってきて、南天の実が赤く色づいてくるころです。春や秋とは違って行楽シーズンではありませんし、日は短くなるばかりですから催し物の少ない時期です。しかし芝居町は……。

かほ見せや方十町は正月気

まるで新年を迎えたかのように町中が活気に溢れています。

**三座芝居顔見世**　十一月一日に江戸三座では、向こう一年間の新しい顔ぶれの役者披露の初興行がおこなわれました。いわゆる初日です。

初日は七ツ時（午前四時ごろ）に一番太鼓が鳴り、次いで二番太鼓を合図に桟敷《さじき》に待機していた手打連中の手打ち式の祝いがあり、そこから客を呼び入れて恒例の「翁渡し」からはじまりました。

顔見世や一番太鼓二番鶏

顔見世は、まだ夜も明けやらぬ一番鶏が鳴く前からはじまりました。いったい観客は何時に家を出るのでしょうか。映画やテレビといった娯楽のない時代ですから、芝居というものが人々に熱狂的に受け入れられていたのは想像にかたくありません。徹夜してでも初日の芝居が見たいその一心だったのでしょう。

十一月は「芝居正月」ともいわれ、劇場関係者は一日から三日間は正月の三が日にならって紋付に裃を着けて、雑煮《ぞうに》を食べたそうです。

**子祭り**　十一月は子《ね》の月にあたります。この月の初子の日に来年の招福を願って大黒さまに小豆《あずき》飯や二股大根などを供えました。毎月子の日にもおこなわれましたが、子の月の子の日、子の刻（午前零時ごろ）におこなうのが本式とされました。当日は本所亀沢町大黒院や麻布一本松大法寺・青山立法寺など大黒天を安置してあるお寺は参詣客が引きもきらずでした。また、灯火の灯心を売る者が市中に多く出、大黒天を祀る寺の門前でも灯心が売られました。子の日に買った灯心は「子灯心」といって家

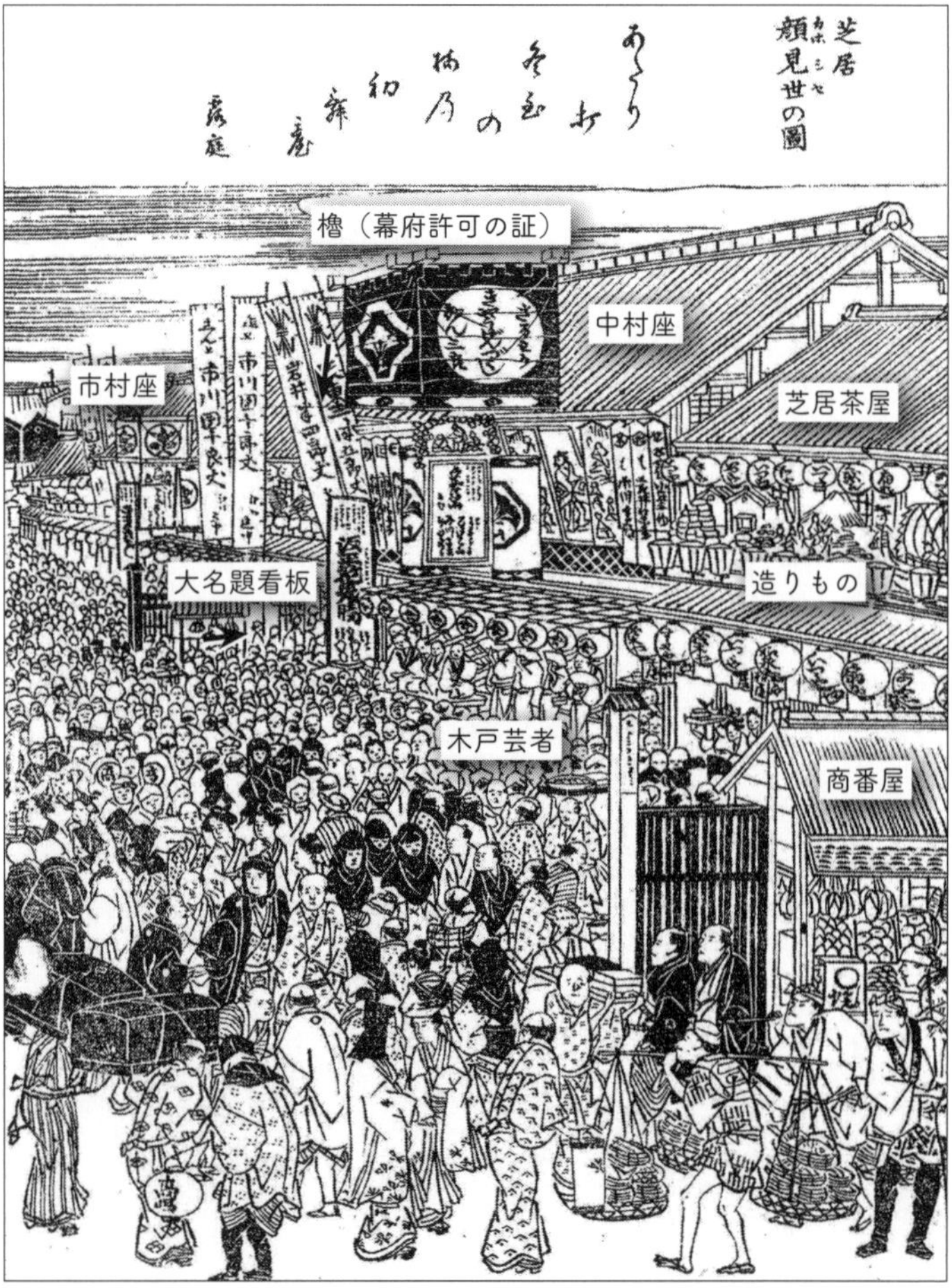

芝居顔見世の圖
櫓（幕府許可の証）
中村座
市村座
芝居茶屋
大名題看板
造りもの
木戸芸者
商番屋

**顔見世の芝居町の様子**

中村座の前で扇を持って立つのは木戸芸者。役者の身振りや声色を真似て客を引く。左の「御操」と書かれた櫓は「あやつり座」で人形芝居の小屋。

内の災いを防ぐとされました。

**鞴祭**　鞴《ふいご》とは金属の熱処理や精錬に用いる送風機です。鍛冶師・鋳物師・錺《かざり》師（金属の簪《かんざし》や金具などの細工をする）・時計師・箔打師など、鞴を日ごろから使う職人たちが十一月八日におこなうのが鞴祭です。この祭りが近づくと、各家は掃除や修繕をおこない、畳替えをしました。当日、家業は休みでお客さんを招き、ご近所にはみかんを配りました。祭神の稲荷《いなり》神の社の前には、火伏せと商売繁盛を祈って供え物が積まれました。

　この日の未明に「みかんまき」という催しがあり、子どもたちは早起きしてみかんを拾いに歩きました。その際に「まけまけ拾え、鍛冶やの貧ぼ」と大声でどなって駆けまわるので、朝からうるさかったといいます。江戸の町家の子どものかけ声はワイルドですね。

**酉の市**　十一月の酉《とり》の日に鷲《おおとり》（大鳥）神社でおこなわれるお祭りです。当時は酉の祭《まち》（町とも書く）といいました。初酉の日を一の酉といい、順に二の酉、三の酉といいました。日の巡りで三の酉がない年もあります。酉の日が祭日になったのは鷲神社の名前が酉にかけてあるのと、福を「取りこむ」という語呂のよさからと思われます。江戸市中では浅草の鷲神社（台東区千束三丁目）がいちばんの賑わいを見せました。この浅草には幕府が悪所といって風紀粛清の対象とした二つのものがありました。ひとつは浅草猿若町の芝居町、もうひとつは吉原遊郭です。どちらも人気の場所です。酉の市にいくのは、これらの悪所に寄りたい人にとっていい口実でした。

吉原では酉の市の日は大門《おおもん》以外の門を開いて往来を自由にしたので、普段は吉原を見る機会のない人たちも社会見学にやってきたそうです。

酉の市の売り物は、熊手・芋頭《いもがしら》・粟の餅・熊手の簪《かんざし》で、露店が社の周りに溢れんばかり出ましたが、ほとんどが付近の農家の人々が商っていました。熊手にはお多福・宝船・鶴亀などのめでたいものが飾られ、これで福と金運をかきこむというわけです。

　田のなかは霜月ばかり町となり

浅草田んぼの中にある鷲神社はふだん訪れる人はまれですが、酉の町の時は人がこぞってやってくるということ。

浅草田圃《タンボ》
酉の市
はるをまつことのはじめや酉の市
其角

**浅草・鷲明神の酉の市の様子**

田んぼのあぜ道を参拝客がぞろぞろと歩いていく。
門前では土産の熊手や芋頭を売る露店が出ている。

また、この鷲神社の本社は葛西花又村（足立区花畑）にある大鷲《おおとり》神社でしたが、江戸から北に三里（約十二キロ）と遠いので、どうやら酉の市の日に幕府禁制の賭場になっていたようです。次のような句が詠まれています。

酉の日に尾羽打ち枯らし帰る也

賭場でだいぶ負けてしまったようです。

**七五三**　現在も子どものすこやかな成長と長寿を願う行事としておこなわれている七五三ですが、その由来はご存知でしょうか。

三歳は男女の髪置《かみお》き、五歳は男児の袴着《はかまぎ》、七歳は女児の帯解《おびと》きの祝いの儀式です。この祝いに産土神《うぶすながみ》へ詣でます。

髪置きは三歳の幼児が髪をはじめて伸ばす儀式です。当時、赤ん坊は誕生後に髪を剃り、伸ばすのは三歳になってからでした。袴着は五歳の男の子にはじめて袴を着せる儀式で、帯解きは七歳の女児が付帯をやめてはじめて帯を用いる儀式です。江戸で

『江戸名所図会』に描かれている熊手簪をちょんまげにさす武士。

は、この七五三の儀式は当初、武家でおこなわれていたのですが、そのうちに庶民にも広がりだんだんと華美になっていきました。また、日にちも十一月の吉日を選んでそれぞれおこなわれていたのですが、幕末ごろに十一月十五日に定まったそうです。

江戸の町の七五三の様子を見てみましょう。

旗本の家では子どもに麻裃に紋付の振袖という衣装をあつらえました。若君は馬に乗っていくのですが、馬を引く馬丁《べっとう》二人は浅黄色に白く家の紋を抜いた法被《はっぴ》に、同じ色の股引、白い足袋という服装で、蒔絵の馬柄杓《うまびしゃく》（馬に水をかける柄杓）を背に差しました。さらに家臣二人の侍が袴の股立ちを高くとって馬の横に控えました。旗本の若君一行の参詣の様子は、愛らしく、また勇ましく、武家の都・江戸の風俗のひとつでした。

町家では、男子・女子ともに帯の結び方までこだわって、衣装を調えました。産土参りには、実母、あるいは介添えとして叔父や叔母が付き添いました。乳母やお守、小僧、さらに出入りの職人、鳶《とび》の者なども打ち揃って参詣しました。

武家も町家も、子どもの衣装はもちろん、従う奉公人の着物まで用意し、さらに親類縁者への進物に、客への食事など七五三にはたいへんな費用がかかりました。あまりに華美になったため天保の改革の際には幕府から質素にするようにとお達しが出ました。

参詣した神社では土器の盃にお神酒《みき》を賜り、幣《ぬさ》で身の穢《けが》れを払うお払いをしてもらいました。

氏子の多かった山王《さんのう》権現・神田明神・芝神明宮・富岡八幡宮《とみがおかはちまんぐう》はとくに混雑しました。

露店が多く出ましたが、なかでも祝い飴（千歳飴）と手遊び（おもちゃ）の店が繁盛しました。

**千歳飴のはなし**　柳亭種彦《りゅうていたねひこ》の随筆によると、元禄・宝永のころ（一六八八—一七一一）に、浅草の七兵衛という飴売りが、千寿飴・寿命糖という飴を売っていました。また、彼は長い袋に飴を入れて「千年飴」と書いて売り出したとのことです。これが千歳飴のはじまりとされています。彼は楽隠居できる身になっても、江戸の町を飴売りとしてまわりました。大通りで「広いお江戸に隠れなし、京にもよい若者まけぬ……」と口上し、飴が売れると、すぐに酒代にしてしまったといいます。

**七五三**

7歳の女の子には長い着物を着せたので、鳶の者が肩に乗せてお参りした。

# 冬至【とうじ】　一年でもっとも昼が短い日

江戸　十一月中（十一月の内）
現在　十二月二十一日ごろ

長い夜です。町のどこからか三味線《しゃみせん》の音が聞こえてきます。室内では女性たちが、行燈《あんどん》のもとで針仕事に精を出しています。

**冬至**　冬至は一年でもっとも日脚が短い日です。日本人は、古来よりこの太陽の力がいちばん弱くなる日のことを体験的に知っていたらしく、宮中や禅寺で儀式がおこなわれました。江戸時代になると、冬至の日には柚子《ゆず》湯に入り、小豆粥《あずきがゆ》やかぼちゃを食べるという習俗が庶民に広がりました。柚子の香気と小豆の赤色で邪を払い、かぼちゃで健康を願うという俗信ですが、このころから風邪を引く人が増えてきますので、身体を温めてビタミン豊富な野菜を食べるというのは、実に理にかなっています。

北極星あるいは北斗七星を神格化した妙見《みょうけん》菩薩《ぼさつ》を祀るお寺では、星がいちばん長く輝く冬至の日に星祭がおこなわれました。

また、穴八幡宮《あなはちまんぐう》（新宿区西早稲田二丁目）では、元禄のころから冬至祭がおこなわれ、現在も続いています。「一陽来復《いちようらいふく》」（陰がきわまって陽がかえってくること。冬至のこと）と書かれたお札が配られ、境内には柚子や柚子飴を売る露店が出ます。

「雪月花」という言葉がありますが、これは日本の四季の美しい風物を表した言葉です。風流人は、すべてを白で覆いつくす雪景色を見るために出かけてゆきました。

**雪見**　江戸市中の雪見の名所は、隅田川の堤、とくに三囲《みめぐり》神社や長命寺のあたり、不忍池《しのばずのいけ》に御茶の水といった水辺、上野のお山、湯島の台地、神田明神、日暮里《にっぽり》の諏訪社のあたり、道灌《どうかん》山、飛鳥《あすか》山、愛宕《あたご》山などの丘陵など各所にありました。日暮里の浄光寺は高台にあって眼下には田んぼが広がり、とくに雪の景色が美しく、雪見寺と呼ばれていました。

　雪見とはばかばかしいと信濃言い

雪の多い地方の人からみれば、わざわざ雪見に出かけるなんてばからしい。でも、

隅田川の雪
待乳山
浅草寺
山谷堀
都鳥

## 隅田川の雪見

待乳山のふもとに山谷堀が見える。この船のお客がこれから向かうのは吉原か？　都鳥とはユリカモメのこと。

そんな嘲笑にあっても遊山大好きな江戸の粋人は雪見に出かけました。

江戸の粋人の雪見コースを紹介しましょう。

隅田川に障子《しょうじ》船を浮かべて、炬燵で暖をとりつつ酒盃を傾けながら両側の雪景色を楽しみます。その後、竹屋の渡しで船をつないで、山谷堀河口にあった高級料亭の有《ゆう》明楼《めいろう》か八百善《やおぜん》で食事。それから、山谷堀へ漕ぎ入れて、吉原の夜の雪を愛でるというものです。かなり贅沢《ぜいたく》なお金持ちの雪見です。

一般人である隠士墨客は、杖をつきながら銀世界の静寂のなかを吟行《ぎんこう》し、友人の庵《いおり》を訪ねゆきました。

いざゆかん雪見にころぶところまで

これは、芭蕉が雪見の宴に出かけるわくわくとした気持ちを詠んだといわれています。この句が記された句碑が雪見の名所だった長命寺にあります。


**フグのはなし**　どうも江戸時代は雪が降る日は「鰒《フグ》（河豚）汁」だったようです。

当時の鰒汁は味噌汁にフグを入れたものでした。

『浮世風呂』の作者として有名な式亭三馬《しきていさんば》は「捨て果てて身はなきものと悟らねど雪

の降る日は河豚をこそ思へ」と詠んでいます（ちなみにこの狂歌は、西行法師の詠んだ和歌「捨てはてて身もなきものと思へども雪のふる日は寒くこそあれ」のパロディーです）。

死なぬかと雪の夕べにさげて行き

調理免許などない時代です。フグを食べるのは命がけでした。当たると恐いから、別名「鉄砲汁」と呼ばれていました。

ちらちらとござると鰒の値をあげる

雪がちらちらと降りだすとフグの値段が上がりました。江戸の初めのころは、フグは下魚として武士は食べなかったといいます。値段も十二文と安かったのですが、文化ごろ（一八〇四―一八）になると武士も好むようになって、文政（一八一八―三〇）には二百文という値がつくようになりました。こうなるともはや庶民の食べ物ではありませんでした。

フグ2匹をさげていく男。

**秋葉権現祭礼**　冬に多かったものが火事です。この時期に火伏せの神様と知られる秋葉権現の祭礼が諸所でありました。

十六日には南本所番場町の秋葉権現社の祭礼があり、参詣人は火除け守りの小さな幣を賜りました。ここは遠州《えんしゅう》（静岡県西部）秋葉山にある本社の出張所でした。十七日は、吉原の秋葉権現社の祭礼でした。

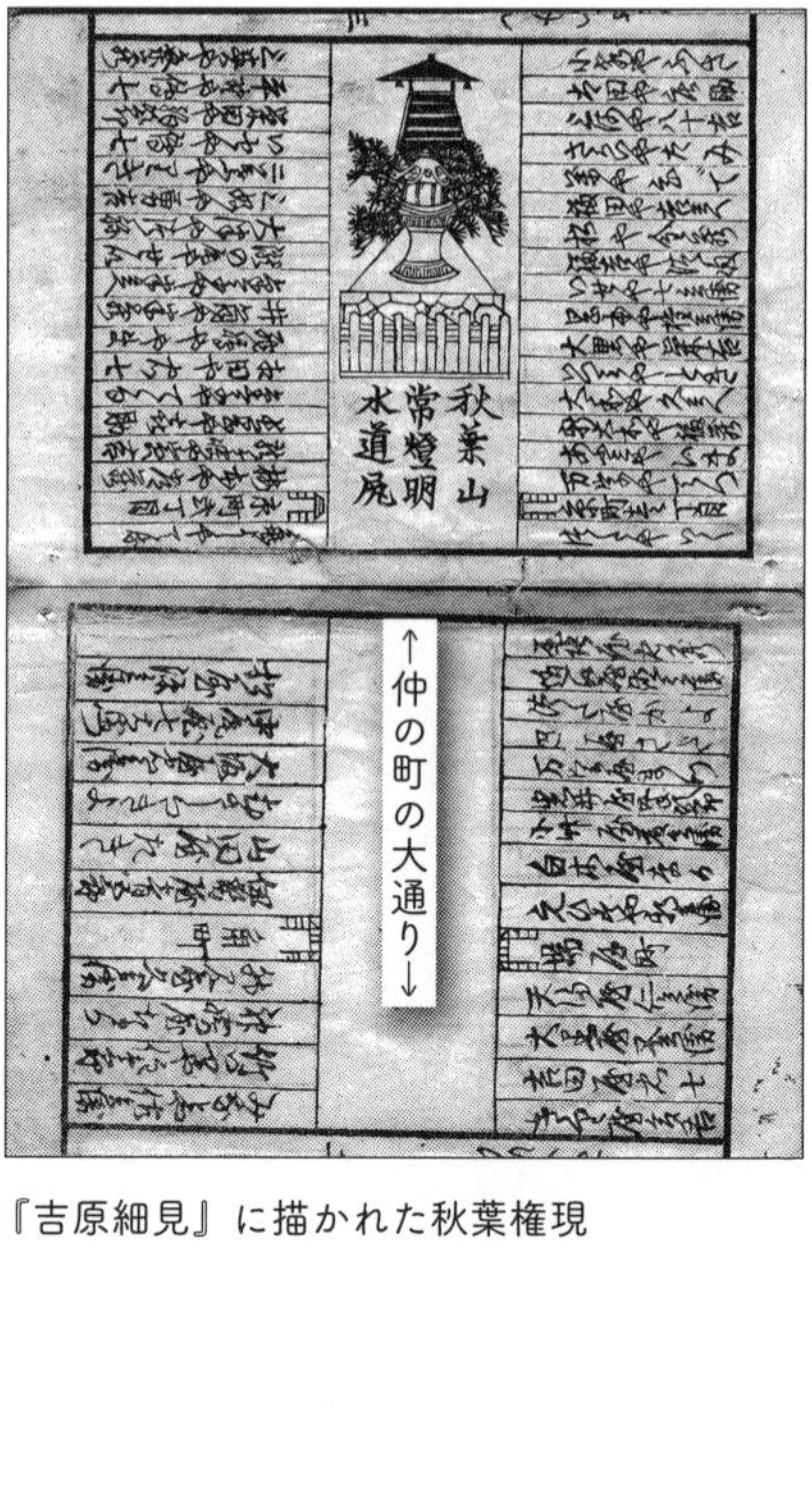

『吉原細見』に描かれた秋葉権現

江戸でどれだけ火事が多かったかというと、吉原は大火で全焼すると仮宅《かりたく》と称して遊女屋は別の場所で営業をします。その記録を見ると、延享四年（一七四七）から慶応二年（一八六六）までの間になんと十九回も仮宅を構えています。吉原だけでも五、六年ごとに全焼するほどの大火事が起きていたということです。吉原の秋葉権現社は、大門を入って突き当りの常夜灯で、火伏せのために秋葉山から種火を分けて移してきたものでした。

また、武家屋敷の鎮守《ちんじゅ》にも秋葉権現が多かったそうです。

**報恩講**　一向宗の寺院で十一月二十二日から開祖親鸞《しんらん》上人の忌日である二十八日まで開かれるのが報恩講《ほうおんこう》で、俗にお講《こう》と呼ばれました。この期間は天気の良い日が多いため、この時期の晴天を「お講日和《びより》」といいました。お堂では連日、読経や説法がおこなわれました。

東本願寺には、朝から門徒が寺の前にたくさん集まり、惣門が開くのを今か今かと待ちました。法会中は、参詣者がひきもきらず、広いお堂のすみずみまで門徒が集まったといいます。

門徒らはお講小袖と称して、新しい着物をあつらえて老若打ち連れて参詣しました。男性は、肩衣の幅の狭いものを着て、女性は薄布で作った頭巾「つのかくし」をかぶりました。これが、現在婚礼で使われる「角隠し」の原型とされています。

また、この講日はお見合いの席が設けられることが多かったそうです。

報恩講《ほうおんこう》
俗《ぞく》に御《お》講《こう》といふ
肩衣の男に何か言っている
数珠を耳にかけている
周りの男たちがこの娘を見ている

**報恩講**

東本願寺の境内の様子。つのかくしに黒と白があるが、黒を着用している女性たちは年がいっているようだ。

# 小寒【しょうかん】　もっとも寒くなる時期を迎える

江戸　十二月節（十一月後半―十二月前半）
現在　一月五日ごろ

小寒は「寒の入り」といってもっとも寒い時期を迎えます。『暦便覧』では「冬至より一陽起こる故に陰気に逆らふ故、益々冷える也」と説明されています。気候を陰が寒、陽が暖という関係でとらえると、陽の力が増すとそれに陰が対抗し、負けまいと力を出してくるので、ぐっと寒くなるという意味のようです。

**寒行**　小寒から節分までの三十日間を寒中といいます。諸寺院の僧がこの寒中に寒さを忍んで未明に起きて、冷水で身を清め、念仏三昧《ざんまい》の修行をおこないます。着衣は、木綿の衣の上に法衣だけでした。足袋もはきません。鉦《かね》を鳴らして市中を巡り修行する僧もあって、夜の鉦の音がなんとも寂しく、聞くほうもなんだか寒気がしたといいます。

しかし、江戸の寒空の下にはもっと寒そうな人が……。

**寒参り**　一人前の職人になるのはとても難しいことです。職人の弟子や小僧たちは年季中に何とかその技を身につけたいと、できることなら優秀な職人になりたいと願いました。彼らは寒中の三十日間、不動尊か金毘羅《こんぴら》さんに願掛けをして寒参りをおこないました。日暮れになると、親方からちょっとだけ時間をもらってお参りに出かけます。まず水垢離《みずごり》をして身を清め、身に着けるのは褌《ふんどし》と木綿の鉢巻のみ、手には長提灯を持ち、鈴を鳴らしながらお宮に向かいます。この恰好ですから「裸参り」ともいわれました。

**夜鷹蕎麦**

寒念仏ひそかに夜鷹蕎麦《よたかそば》を食い

夜鷹蕎麦は、夜になると「そばーい」の声とともに町中で担い売りをしていました。寒行や寒参りの人にとって温かい蕎麦は、ホッとする救いの一杯でした。

夜鷹蕎麦という名前は夜鷹と呼ばれる街娼たちがもっぱら愛用したからともいわれ

裸参りの２人の長提灯には「金比羅大権現」「日参」と書かれている。屋台を担った夜鷹蕎麦が坂を登っていく。『名所江戸百景 虎ノ門外あふひ坂』より。

ています。

**寒中の丑紅**　寒中の丑《うし》の日に買う紅《べに》（口紅）のことです。この日にさす紅は唇の荒れを治すということで、江戸の女性たちはみんなこの日に紅を買い求めました。紅やおしろいを扱う店は、店頭に「今日うしべに」と大きく書いた張り紙をしました。購入した客には、景品として土製の牛の人形をくれたそうです。

**鶴御成**　よく時代劇で将軍登場の場面になると「上様のおな～りぃ～」という声がしますが、将軍が人前に出てくることを御成《おなり》といいました。

毎年十二月になると徳川将軍によって鷹狩りがおこなわれました。将軍自らが鷹を放って捕るものは鶴です。ですので、この鷹狩りを「鶴御成」といいました。

将軍の鷹狩りご一行様（六、七十名ほどの行列）の通り道となる町や村には事前にお触れが出ました。狩場は三河島《みかわしま》、小松川、亀有などの江戸近郊で、狩場では鶴御成に備えて、鶴が飛来してくると鶴役人が餌付けをして、鶴を確保しました。

この鶴御成はただ単に将軍が狩りを楽しむだけのものではありません。当時、鶴は

三河島の湿地には、11月下旬から鶴が飛来した。『名所江戸百景 蓑輪金杉三河しま』より。

食用とされていました。千年生きるという縁起のいい鳥ですから食材としては最高級。しかも将軍自らが放った鷹で捕ったものです。贈答品として活用され、例年早飛脚で東海道を通って朝廷に献上されました。
浮世絵には白いタンチョウヅルが描かれていますが、実際に捕えた鶴はナベヅルだったそうです。

**薬食い**　日本では、奈良時代から獣肉を食べる習慣がありませんでした。仏教の獣肉食の禁忌が強く影響したためです。しかし、江戸時代になると肉食の禁忌は建前となり「薬《くすり》食《ぐ》い」と称して寒中に鹿や猪の肉を食べるようになりました。そのうちに滋養のあるものを食べることを薬食いというようになりました。
とはいえ、何だかやっぱり生臭食いといって憚《はばか》られる気がしたのでしょうか。獣肉を売る店を「ももんじ（ももんじい）屋」、猪の肉は「牡《ぼ》丹《たん》」や「山くじら」、鹿の肉を「紅葉」などとわざわざ言い換えました。

ももんじいなぞも食いますこわい嫁

この時代は肉食を嫌う女性が多かったのですが、この嫁は肉食系の鬼嫁です。

左の山くじらの店は尾張屋といって猪鍋を食べさせた。右には焼芋屋が見える。
『名所江戸百景 びくにはし雪中』より。

**事納め**　その年の雑事をしまう行事で、この日がくるといよいよ正月が近づいてきたと実感したそうです。

冬と春笊《ざる》の目をもる八日月

十二月八日は事納めの日です。ところが、この日が「事始め」で二月八日が「事始め」ではなく「事納め」だという論争がありました。十二月が事始め派の意見は、正月という長い行事の準備をはじめる日だからですが、二月事始め派は、春の到来とともに来臨する農業の神を迎えるから二月八日が事始めという意見です。どっちにしても、軒先にざるを立てて、里芋・こんにゃく・人参・大根・小豆などが入った味噌汁を作りましたので、行事の内容はほぼ同じでした。

**煤払い**　十二月十三日は煤払《すすはら》い（大掃除）の日です。江戸城では十二月一日から十二日まで煤払いをし、十三日に納めの祝いをしました。その習慣が町方にも広まって十三日が煤払いの日となったようです。

商家では師走《しわす》の繁忙期ですから昼間の営業中に掃除ができないので、夜におこないました。その際には出入りの職人や鳶の者たちがやってきて手伝いをし

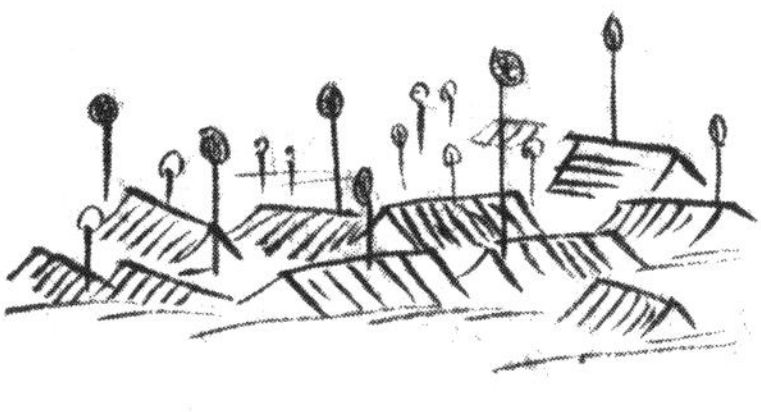

ざるを立てるのは町家で
武家は立てなかった。

商家煤掃
何方へ行て遊ばむすゝはらひ
挙白
芝居の真似
胴上げ
ご隠居と蕎麦を食べる

清沈帰愚國朝詩
別裁
掃塵行　張自鉻
掃塵練日臘三七、細
竹長竿風捲疾、歳々
荒村守敝廬、家々浄
掃迎新吉、掃遍屋縁
及四圍、甑中之塵凝
不飛、朝来坐曝茅檐
下、垢面相逢猶苦飢
畳はすべて外す
蕎麦をすする
煤竹で台所
の煤を払う
大福帳

**商家の煤払いの様子**

煤払いは煤竹を使って高いところのほこりを落とした。12月10日ごろになると煤竹売りが担い歩いたが、商番屋で売るようになったため幕末には煤竹売りは姿を消したという。

ました。

煤払いが終わると胴上げをする習慣がありました。これは誰それかまわず捕まえて数人で胴上げしましたが、大奥では、大奥担当の役人や女中の中でも新入りが狙われたそうです。

掃除が終わると酒肴の振る舞いがあって、町家では蕎麦が振る舞われることもありました。

大奥の煤払い。役人が胴上げされている。

# 大寒【だいかん】　寒さがもっとも厳しくなるころ

江戸　十二月中（十二月の内）
現在　一月二十一日ごろ

大寒の日は寒中の中日で、本当に寒い時期です。一年も残すところあとわずかで、一年の穢《けが》れを払って身を清め、新しい年と春を迎える準備をする時期です。

**歳の市**　しめ飾りや神棚・餅台や羽子板などの正月用品を売る市が「歳の市」です。十二月十四・十五日は深川の富岡八幡宮で、十七・十八日の両日は浅草寺《せんそうじ》で、二十・二十一日は神田明神で開かれ、このほかにも大晦日までいろいろなところに市が立ちました。

いちばん人を集めたのが浅草の歳の市で、境内だけでなく南は駒形《こまがた》から浅草御門まで、西は上野黒門前にいたるまで掛小屋の店が並び大賑わいでした。

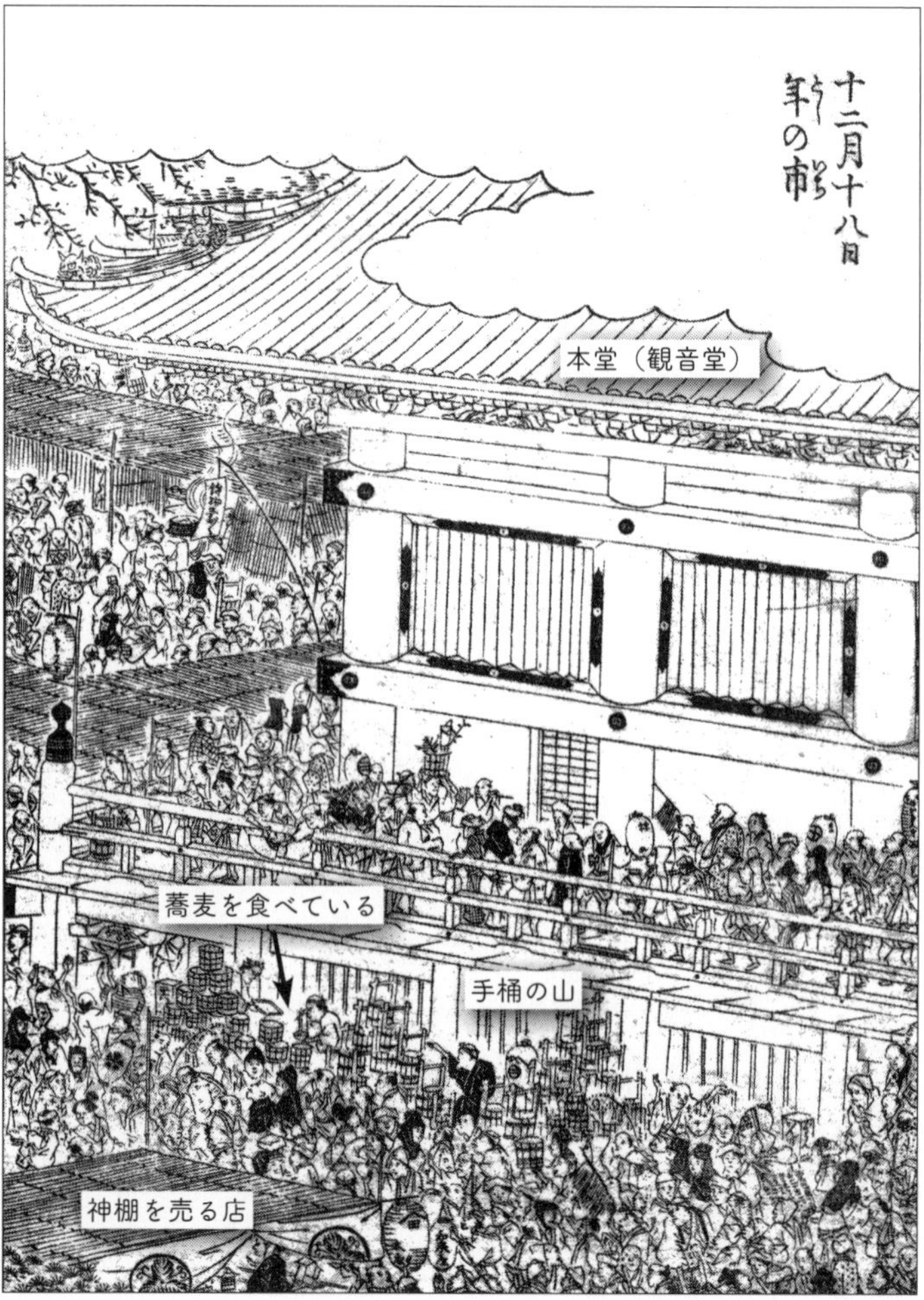
十二月十八日
年《とし》の市《いち》
本堂（観音堂）
蕎麦を食べている
手桶の山
神棚を売る店

**浅草寺の歳の市の様子**

正月用品を買い揃えるために江戸っ子は歳の市に出かけた。店の名前はお目出たいものばかり。本堂の西側から望んだ図。

**節分**　立春の前日のことですが、本来は季節の変わり目となる、立夏・立秋・立冬の前日も節分でした。新しい春を迎える立春の前日が、厄払いの日としてさまざまな行事がなされ、いつの間にか節分といえば「立春の前日」となりました。

さて、まずこの日はどこの家も柊《ひいらぎ》の小枝と豆の枯れ枝へ塩鰯《しおいわし》の頭を刺したものを、家の出入り口へ差し挟みました。悪い気を除くまじないです。

豆撒きは日が暮れてからはじまります。神棚、仏前、座敷、雪隠《せっちん》（トイレ）にいたるまで家中の灯りを点してから、年男となる人が「福は内、鬼は外」（「鬼は外」と続けて二回、「福は内」と続けて三回という説もあり）と大声を上げて豆を撒きました。雪隠にも撒きました。座敷では撒かれた豆を歳の数プラス一個を拾うため家族や奉公人らが大はしゃぎです。この自分の歳プラス一個の豆は節分の日に食べますが、それ以外の拾った豆はしまっておいて、はじめて雷が鳴ったときに厄除けのまじないとして食べたそうです。

しばらくすると弓張提灯を提げた人々が親戚や知人の家へ、節分の挨拶《あいさつ》のため通りを行き交いました。獅子舞も家々をまわってきました。獅子舞は、笛太鼓を打ち鳴らし悪い気を払うとされました。

また、「御厄払いましょ。厄落とし」といいながら〝厄払い〟がやって来ました。厄払いに拾った豆に小銭を添えて渡すと、祝言を述べて悪魔払いをしました。厄払いは、節分以外にも、冬至や大晦日にもやって来ました。

**厄払い**

**寺社の節分会**　浅草寺では、信者が集まって般若心経《はんにゃしんぎょう》を次の年の日数分唱えました。この読経が終わってから豆撒きがはじまり、その後さらに節分祈禱のお札を撒きました。このお札の「節分」と書いてある「分」の文字の部分を裂いて妊婦さんに飲ませると安産になるというまじないがありました。

亀戸天神《かめいどてんじん》では、追儺《ついな》の神事がありました。赤鬼、青鬼が出てくると神主が幣杖《へいじょう》で鬼を打ち、さらに五人の神主が牛王杖《ごおうづえ》で鬼を追い払うということが演じられました。これは筑前（福岡）の太宰府天満宮の真似をしたものでした。

### 亀戸天神の節分会

追儺は宮中の年中行事のひとつで、大晦日の日に悪鬼を払って疫病を除く儀式だった。これが社寺などでおこなわれるようになったが、江戸時代には節分の行事になった。

**餅つき**　武家や寺社、商家など裕福な家では自家で餅をつきましたが、たいていの家では「引きずり餅」という商売がまわってきました。これは、釜・蒸籠《せいろ》・臼《うす》・杵《きね》を持ち歩いて、数名の男で頼まれた家の前で餅つきをするというものです。だいたい十二月十五日ぐらいから大晦日まで幾組もが昼夜まわり、江戸市中では餅をつく杵の音が絶えなかったといいます。

この引きずり餅さえ頼めない家では、菓子屋から出来合いの餅を買い、これを「賃餅《ちんもち》」といいました。

**節季候**　歳末の二十日ごろから新年にかけて、二、三人組で町中を巡る節季候《せきぞろ》。編笠《あみがさ》の天辺に紅色の紙を飾り、ぼろをまとって、「せきぞろでござれや」と囃《はや》しながら歌い踊って、米や銭を乞うて歩きました。太鼓やささら（竹で作った打楽器）を激しく打ち鳴らし囃すので、商家などは忙しい中、あまりのやかましさに困り、銭を与

**節季候**

えて追い払うといった様子で、年越しのお目出たいものではありませんでした。

**暦売り**　「来年の大小柱暦《だいしょうはしらごよみ》、とじ暦」の売り声は暦売りです。往来を売り歩く者と人通りの多いところに立って売る者がいました。閏《うるう》月のある年には前の言葉に「閏あって十三か月の御調法」と続けました。また、上方では「大小暦巻暦」といって売ったそうです。

なぜ大小暦というかというと、二十九日までの月を小の月、三十日まである月を大の月と呼んだからです。柱暦は家の柱などにかけるもので、とじ暦は綴《と》じて本にしてあるもの、巻暦は巻物のように作られた暦でした。

**門松飾り**　門松は例年十二月二十八日に飾ります。江戸城三十六見附の門飾りは幕府御用達の人が作りました。大名・旗本・大きな神社では、抱え人に命じて作らせたといいます。大店では、抱えの鳶《とび》の者に頼んで飾ってもらいました。

町家ではその土地の鳶頭が引き受けて、門松を立てて注連縄《しめなわ》を張りました。

門松の中で面白かったのは、久保田藩（秋田）佐竹家の上屋敷で、門松は飾らず、正月になると麻裃を着けた家臣を門の前左右に座らせました。「佐竹の人飾り」として江戸の正月の名物のひとつだったそうです。

また、門松に使う大松は「松市」で買いました。歳の市には売っていません。松市は江戸城外堀の河岸で、町家と武家屋敷がある辺りに立ちました。筋違《すじかい》御《ご》門《もん》外では、外神田佐久間町の河岸に市が立ちました。まるで松の山のように大・中・小と大量の松が並んでなかなか勇壮な眺めでしたが、混雑するほどではありませんでした。

ついに一年もあと一日でおしまい。一年の終わりにも悲喜こもごもあるようです。

**大晦日の攻防**　江戸時代は商品の代金や家賃の掛売りが多く、その支払日の期限は年二回、盆と暮れでした。盆は大目に見てもらえますが暮れの代金の取り立ては待ったなし。厳しいものでした。掛《かけ》取《と》り（取立てをする者）も手ぶらで帰るわけにはいきませんから、行った先で居座ったり、夜に訪ねたり、あの手この手で取り立てをしました。払う方も仮病を

**掛取り**

掛取帳を下げている。

歳暮交加圖
江戸名所圖會
『江戸名所図会』の宣伝
鳶の者が門松を立てる
松

**歳末の江戸の町の様子**

町を行き交うみなが新年を迎える準備で忙しい。そんな中やってくる節季候。忙しく立ち働く商家にとっては大迷惑だが、彼らにとっても稼ぎ時。

使ったり、雪隠に隠れたりとあの手この手で支払いを遅らせようとしました。
　このおかしなやり取りが『掛取万才』など落語の題材となりました。

**王子の狐火**　王子稲荷神社の門前の畑の中に一本の大きな榎《えのき》が立っていました。大晦日になると、ここにたくさんの狐火《きつねび》が見えたといいます。この狐火は、大晦日の深夜に関八州《かんはっしゅう》（関東の八か国。相模《さがみ》・武蔵《むさし》・安房《あわ》・上総《かずさ》・下総《しもうさ》・常陸《ひたち》・上野《こうずけ》・下野《しもつけ》）から集まった数千もの狐によるものといわれていました。狐は榎を飛び越えて高さを競いました。飛び越える高さの高低によって、狐の中での位を決めたそうです。位の定まった狐は命婦《みょうぶ》（女官）の装束に着替えると、順に王子稲荷へ向かいました。
また、土地の人はこの狐火の様子で翌年の農作物の豊凶を占ったそうです。

　　歳の一夜王子の狐見にゆかん

ちょっと恐いけど見てみたい。怪しいものに魅かれてしまう人間の性《さが》でしょうか。
現在、この狐の伝説にならって、王子では大晦日に「狐の行列」と称して仮装行列が催されています。

榎のもとに集まる狐。位の定まった狐は女官に化けて稲荷社へ向かう。
『名所江戸百景 王子装束えの木大晦日の狐火』より。

**大晦日**　商家では新調した染めのれんをかけて、店先にはしめ飾りに門松が立ちました。紋の入った高張り提灯を軒先に掲げ、店内の神棚には餅を供え、その下に鏡餅を据えます。酒や乾物、茶・紙を扱う店では、荷箱を軒より高く積み上げました。大晦日の商家では、店頭に通常よりも多くの商品を並べ、また客も多かったので出入りの鳶の者が、店前に立って問題が起きないように気を配っていました。

通りには食べ物の露店が多く出て、また、梅・南天・福寿草の鉢を売る植木屋も多く出ました。

大晦日の市は「捨市」といって、かなり値引きがされました。売られているものは、もちろん正月用品で明日になると売れません。庶民はこれを狙って出かけました。昼前から人が出はじめ、夜になると見世物興行まであり、賑わいは増します。

夜になっても往来は弓張提灯を提げた人々が行き交い、どこかから獅子舞や神楽《かぐら》、厄払いの声などが聞こえてきました。

慌ただしい大晦日にも夜の静寂が戻りつつあるころ、除夜の鐘が響いてきます。

これで、春夏秋冬、江戸の一年が幕を閉じます。

## 江戸時代のカレンダーを読んでみよう！

江戸時代のカレンダー「暦」を見ると、江戸人の日にちに対する感覚が何となくわかるような気がします。ぜひトライしてみて下さい。

左ページの画像は文化三年（一八〇六）に出版された柱暦です。

柱暦は、二七四ページの「暦売り」で紹介したように柱にはっておく、縦長のものです。月の記載は、大の月は右側に小の月は左側に数字で書かれています（ただし一月は正月の「正」で記載）。日にちは現在とはちがって、毎日の日付は記載されず、季節の変わり目の春分、秋分の日にちや、一日《ついたち》が十二支で何に当たるかなど、省略して記載されています。

大の月は30日間

春分は2月中で4日

10月1日は「戌」の日

土用の日：春夏秋冬の4つの土用が記載されている

雑節：八十八夜、梅雨、半夏生、二百十日が記載されている

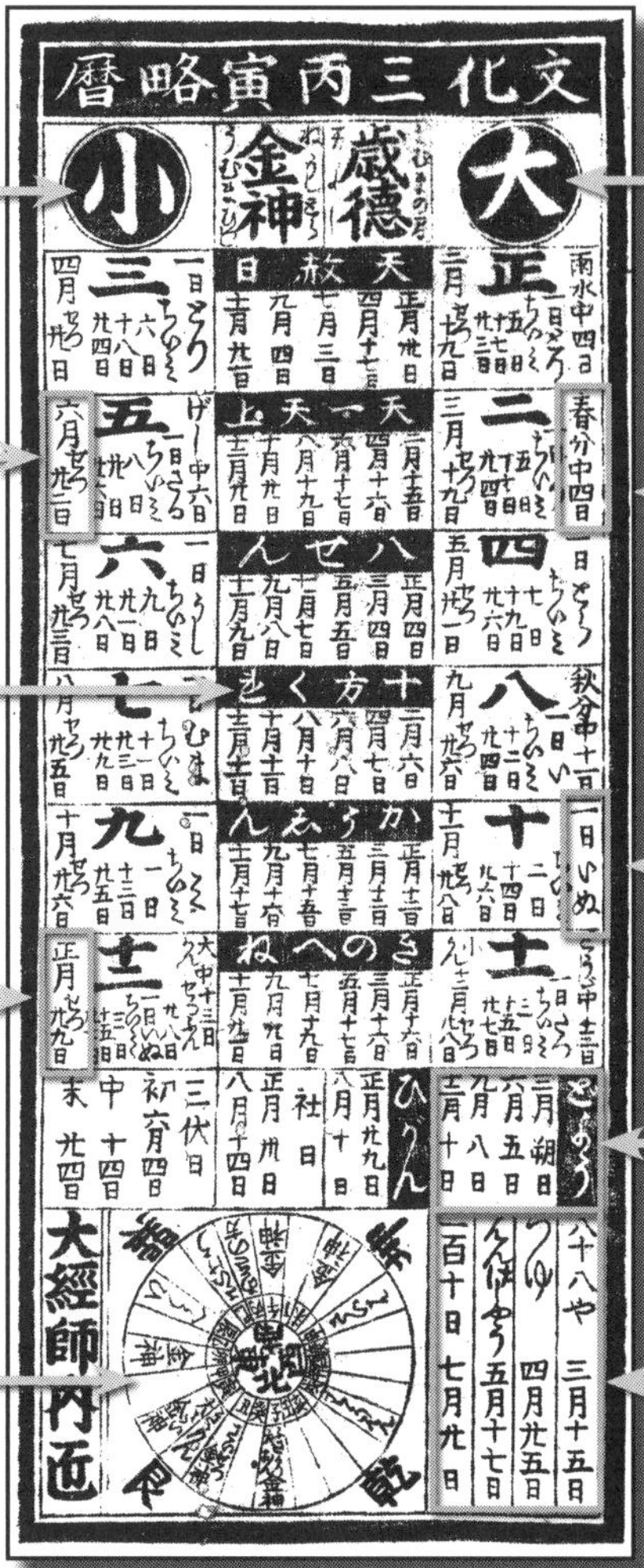


小の月は29日間

6月節＝小暑はこの年は5月22日

真ん中の列は吉凶の日を表す。天赦日が最上吉で天一天上、己巳、甲子は吉日、庚申、十方暮、八専は凶日

正月節＝立春はこの年は12月29日の年内立春。前日の節分は12月28日となる

方角の吉凶を表す。艮の方は鬼門

# あとがき

たくさんの行事や祭りがあって、またそこに集う江戸人のパワーには驚かされるばかりです。本書では紹介しきれなかったものがまだまだたくさんあります。

例えば、毎月八日は、薬師《やくし》参りの日で薬師如来《にょらい》を祀《まつ》るお寺では開帳があり、境内に露店が出ました。また、鬼子母神参りの日でもありました。さらに、疱瘡《ほうそう》や麻疹《ましん》にかかる前の子どもを、浅草寺《せんそうじ》の仁王《におう》様（金剛力士）の股にくぐらせると、病が軽くてすむという俗信があって、毎月八日の朝に限って囲いの内に入れてもらえました。こんな風に、毎月決まった日に縁日や行事がありました。

縁日とはよく言ったもので、人と出会い、物と出会い、仏と出会う日です。

江戸の人々は「まったくどうやって暮らしていたんだろうか？　仕事はどうしたの？」と思うほど、みんなよく神社仏閣や行楽に出かけて行きます。彼らは、縁日を通して、人であったり、物であったり、仏であったり、ご都合主義なところも多分に見受けられますが、これらと上手に縁を結んで、交流し、暮らしそのものを楽しんでいたのではないでしょうか。

本書から垣間見えるのは江戸の人々の暮らしのほんの一部ですが、無縁社会と呼ばれる生きにくい時代を生きる私たちの生活へのヒントになれば幸いです。

本書は平成二十六年（二〇一四）に、静山社文庫から刊行されたものを、出版芸術社より新装版として刊行したものです。

二〇二〇年からのコロナ禍で、外出もままならない日々を送っている読者の方も多いかと思います。本書が、読者のみなさまにとって、時間と空間を超えた楽しい癒しの旅となれば幸いです。また、一日もはやく、本書のなかの江戸っ子たちの様に、物見遊山へと出かけることができますように、そして、人と人との触れ合いが戻ってくることを願っています。

令和三年　立春

著者

国芳の猫又

## 【参考図書】


『東都歳時記（上・下）』市古夏生・鈴木健一校訂　ちくま学芸文庫

『江戸名所花暦』岡山鳥著・今井金吾校注　八坂書房

『絵本江戸風俗往来』菊地貴一郎著、鈴木棠三編　平凡社

『定本江戸城大奥』永島今四郎・太田贇雄編　新人物往来社

『江戸の歳時風俗誌』小野武雄著　展望社

『近世風俗志』喜田川守貞　文潮社書院

『角川日本地名大辞典13東京都』角川書店

『江戸名所図会（一～六）』市古夏生・鈴木健一校訂　ちくま学芸文庫

『年中行事を体験する』東京都江戸東京博物館監修　中央公論新社

『江戸の料理と食生活』原田信男編　小学館

『江戸の花競べ』小笠原左衛門尉亮軒　青幻舎

『復元　江戸生活図鑑』笹間良彦著　柏書房

『江戸語の辞典』前田勇編　講談社学術文庫

『江戸味覚歳時記』興津要著　時事通信社

『浮世絵に見る江戸の歳事記』佐藤要人監修・藤原千恵子編　河出書房新社

『江戸学事典』弘文堂

『俳風柳多留』宮本正信校注　新潮社

【図版協力】数字は掲載ページ

○国立国会図書館蔵

『狂歌四季人物』15・23・24・39・44・90・91・95・96・117・140

『江戸府内風俗往来』16・21・28・30・38・80・81・92・105・116・120・126・155・179・220・228

『守貞謾稿』25・30・38・68・115・118・124・158・159・263

『名所江戸百景』芝愛宕山26 亀戸梅屋舗35 亀戸天神境内94 市中繁栄七夕祭151 深川万年橋183 虎の門外あふひ坂258 蓑輪金杉三河しま260 びくにはし雪中262 王子装束えの木大晦日の狐火279

『江戸遊覧花暦』36–37・170–171・248–249

『画本東都遊』61

『千代田の大奥』雛拝見69 灌仏会89・御煤掃266

『潮干のつと』71

『江戸両国回向院大相撲の図』79

『四季江都名所』114

『職人尽絵詞』134

『十二ヶ月の内七月七夕』152

『朝顔三十六花撰』153

『東都名所』御茶之水156 道灌山168

『翻車考』173

『東都名所一覧』181

『青楼絵抄年中行事』184

『五節句』196

『江戸自慢三十六興芝神明生姜市』201

『花壇養菊集』202–203

『百種接分菊』204

『絵本吾妻抉』218

『絵本江戸紫』219

『道具尽』219

『絵本和歌之浦』219

『顔見世番付』233

『四時交加』251

『人倫訓蒙図彙』271・273

『柱暦』283

『荷宝蔵壁のむだ書』285

○山口県立萩美術館・浦上記念館蔵

『相州大山ろうべんの瀧』144

○個人蔵

『東都歳事記』18–19・32–33・42–43・48–49・64–65・73・76–77・88・97・98–99・102–103・132–133・136–137・160–161・164–165・167・188–189・198–199・208–209・230–231・236–237・240–241・245・264–265・272・276–277

『江戸名所図会』22・46・50–51・54–55・56・58–59・78・106–107・110–111・122–123・129・146–147・158・176–177・192・194・211・216–217・222・224–225・242・254–255・268–269

『風俗画報』29・142

『江戸切絵図』47・66・125

『料理通』85

『絵本時世粧』139

『吉原細見』252

＊各画像に所蔵者があります。複写・転載はお断りします。

**土屋ゆふ**（つちや・ゆふ）
江戸文化研究家・編集者。明治大学文学部卒。著書『絵解き 旅人が見た江戸の町と暮らし』（静山社）のほか、『江戸検クイズ百問答』（小学館刊）シリーズの執筆や時代小説の編集、電子アプリのプロデュースなど、おもに江戸時代を中心とした歴史コンテンツの企画・制作で活動中。

本書は『江戸の暮らしと二十四節気』（２０１４年　静山社文庫）の新装版です。

# 絵解き 江戸の暮らしと二十四節気

二〇二一年四月八日　第一刷発行

著者　土屋ゆふ
発行者　松岡佑子
発行所　株式会社 出版芸術社
〒一〇二−〇〇七三
東京都千代田区九段北一−一五−一五　瑞鳥ビル
TEL　〇三−三二六三−〇〇一七
FAX　〇三−三二六三−〇〇六七
URL　http://www.spng.jp/

カバーデザイン・組版　アジュール
印刷・製本　中央精版印刷株式会社


ISBN 978-4-88293-538-4 C0095